本书的出版获得华中科技大学法学院卓越法律人才培养项目子课题"外国法制史典型案例选编"资助，卓越法律人才教学出版合作协议资助，华中科技大学2014年度教材基金以及公选课立项基金资助。

西方法律名案讲座
（近现代部分）

郭义贵 主编
陈敬刚 李雅琴 副主编

广西师范大学出版社
·桂林·

图书在版编目（CIP）数据

西方法律名案讲座：近现代部分 / 郭义贵主编. —桂林：广西师范大学出版社，2019.12
ISBN 978-7-5598-0877-6

Ⅰ. ①西⋯ Ⅱ. ①郭⋯ Ⅲ. ①法律—案例—世界 Ⅳ. ①D910.5

中国版本图书馆 CIP 数据核字（2018）第 098303 号

广西师范大学出版社出版发行

（广西桂林市五里店路 9 号　邮政编码：541004）

网址：http://www.bbtpress.com
出版人：黄轩庄
全国新华书店经销
桂林日报印刷厂印刷
（广西桂林市八桂路 1 号　邮政编码：541001）
开本：720 mm × 1 000 mm　1/16
印张：15.25　　字数：240 千字
2019 年 12 月第 1 版　2019 年 12 月第 1 次印刷
定价：58.00 元

如发现印装质量问题，影响阅读，请与出版社发行部门联系调换。

研习的意义

作为人类文明的一个重要组成部分，西方法律与东方法律一样，以其多样性、丰富性、趣味性等吸引了我们的目光。作为21世纪的人，站在一个较为有利的角度，我们自然为其博大精深所吸引。

通过本课程的学习和研究，我们可以清楚地把握西方法律文明发展的脉络，了解世界历史上不同地区、不同民族、不同文化的人们在他们各自所处的时代，面对他们各自的现实问题，所做出的合乎或不尽合乎时代要求的制度设计与制度抉择。

概而言之，西方法律源自古希伯来、古希腊、罗马，迄今已有2000余年的历史，形成了颇为独特的法律文化，对于2000多年来的西方社会的影响至为深远，对于世界法苑亦有十分重要的贡献，业已成为世界法制文明的一个重要组成部分，值得我们认真、深入地学习和研讨。

在西方法律形成和发展的过程中，出现了许多经典的案例，反映了司法对于社会进步与发展的突出促进作用，折射出司法人员乃至当事人等的法律智慧，并因此传递出诸多的具有代表意义的信息，对我们不乏种种启示抑或借鉴意义。

因此，本书的编写，意在为广大读者提供一个学习和交流法律知识的平台，为大家今后的深造与工作、生活等奠定一个富有理性、品味及丰富多元的基础。从这一层面上来说，对本书的阅读和探讨无疑具有十分重要的意义。

当然，必须说明的是，本书讲授的诸多著名案例虽与西方法律制度、法律文化的联系密不可分，并可传递给我们诸多信息和启示；但是，个案并不能等同于系统的法律制度或法律理论本身。因此，如欲进一步了解西方法律文化、制度，还需深入、全面的学习和探究。

目 录 CONTENTS

1　绪论　西方法律形成与发展概述

1　一、古希伯来、古希腊、罗马的法律概况
4　二、日耳曼法、教会法、西欧中世纪城市法与商法概况
6　三、英国法、美国法、法国法、德国法、俄罗斯法以及欧盟法概况

15　第一章（引言）
　　苏格拉底之审判：守法即正义（古希腊，公元前399年）

23　第二章
　　托马斯·莫尔之审判：王权与圣徒（英国，1535年）

31　第三章
　　伽利略之审判：宗教裁判所之余威（意大利，1633年）

39　第四章
　　查理一世之审判：君主权威的衰落（英国，1649年）

47　第五章
　　路易十六之审判：法国大革命风云（法国，1792年）

57　第六章
　　马布里诉麦迪逊案：司法审查权的诞生（美国，1803年）

| 67 | **第七章**
达特茅斯学院诉伍德沃德案：契约神圣与私有财产权的保护
（美国，1819） |

| 79 | **第八章**
马卡洛诉马里兰州案：联邦权与州权的一次较量（美国，1819年） |

| 91 | **第九章**
切罗基人诉佐治亚政府案：印第安人的血泪（美国，1831年） |

| 101 | **第十章**
德雷德·斯科特诉桑福德案：美国内战的导火索（美国，1857年） |

| 111 | **第十一章**
法兰西诉巴赞元帅案：普法战争失败的牺牲品（法国，1873年） |

| 119 | **第十二章**
女王诉达德利和斯蒂芬斯案：法律与道德的张力（英国，1884年） |

| 125 | **第十三章**
太平洋海豹仲裁案：公海自由及其限制（国际仲裁庭，1893年） |

| 133 | **第十四章**
德雷福斯案："我控诉！"（法国，1894年） |

143	**第十五章** 普莱西诉弗格森案:种族隔离原则的确立(美国,1896年)
149	**第十六章** 里格斯诉帕尔默案:立法者的意图(美国,1899年)
155	**第十七章** 申克诉美国案:"明显的和现实的危险"(美国,1919年)
163	**第十八章** 多诺休诉斯蒂文森案:"啤酒中的蜗牛案"(英国,1932年)
171	**第十九章** 国会大厦纵火案:纳粹的阴谋(德国,1933年)
179	**第二十章** 二战期间日裔美国人被拘留案:战争引发的恐慌(美国,1942—1945年)
189	**第二十一章** 纽伦堡审判:法西斯的三大罪名(德国,1945—1949年)
203	**第二十二章** 高树案:允诺禁反言原则的确立(英国,1945年)
211	**第二十三章** 布朗诉托皮卡教育委员会案:黑人民权运动任重而道远(美国,1954年)

217 | 第二十四章
米兰达诉亚利桑那案:"米兰达告诫规则"的确立(美国,1966年)

225 | 第二十五章
O. J. 辛普森案:"世纪审判"(美国,1994年)

233 | 主要参阅书目

234 | 致　谢

绪 论

西方法律形成与发展概述

一、古希伯来、古希腊、罗马的法律概况

在人类文明的发展过程中，法律扮演了一个极为重要的角色，体现了各地区、各民族的贡献，极其深刻影响到社会的变迁。出于研究的方便等原因，我们通常将法律切分为东西方两大部分。然而，这种划分的问题在于，其有可能人为地割断法制文明之间的联系。例如，就地域而言，希伯来法属于古代东方，但是，其传承了东西方的法律文明。因此，在探讨世界法律文明的时候，我们应可以将其作为西方法律文明的一个重要源头。

在世界法制发展的过程中，**希伯来法**无疑引人注目。希伯来法是公元前11世纪至公元1世纪希伯来奴隶制王国法律的总称。在希伯来法律中，犹太人的《圣经》的第一部分《摩西五经》被认为是"世界上第一部对于我们有重要性的国内法法典，并且是第一部具有成文法体裁的自然法法典"[①]。《摩西五经》体现了宗教文化的变革与法律发展的相互关系，同时也反映出法律的发展与社会经济文化发展之间的密切联系。

就其历史地位而言，希伯来法在其发展过程中，吸收并保留了在它之前的楔形文字法、古埃及法的精华部分，并通过《圣经》和基督教间接地影响了西方的法律制度。其对于后来的伊斯兰法也有一定的影响。

古希腊在世界文明发展史上同样扮演了一个十分重要的角色，其对近现代

---

① [美] M.莫理斯：《法律发达史》，王学文译，中国政法大学出版社，2003，第16页。

西方文明的影响尤为显著，故而西方人在谈到自己文明的渊源时，通常乐于"言必称希腊罗马"。举凡近现代西方文明中的文学、哲学、宗教、法学等，均可从中寻觅到古希腊文明的痕迹。

古希腊的法律与法律观念，与丰富多彩的早期希腊神话不无联系。[①]众神之王宙斯的儿女们常常被描述为法律和社会稳定的保障。这种众神对于人类的权威和对人类生活的积极干预或参与，以及人和神均要受"命运"支配的信仰，表达了古希腊人因世俗与超世俗的观念同时并存而产生的特别法律观。索福克勒斯的著名悲剧《安提戈涅》就表现出宗教义务与统治者的世俗法令发生冲突时矛盾的不可调和性。[②]

古希腊法的发展大致上经历了三个阶段：第一阶段是公元前7世纪以前。这一时期的人们尚未摆脱希腊神话中难以超越的自然影响，也没有建立起平和稳定的城邦社会，"法"和法律被认定为诸神的旨意。第二阶段在公元前6世纪至前4世纪，希腊人以"社会正义"逐渐取代自然道义的概念。诸如直接民主制的发展和完善、社会管理法制的建立等，均体现了在法律方面对社会理性的执着与追求。第三阶段为公元前4世纪中叶至前2世纪中叶，即从公元前336年马其顿国王亚历山大即位到公元前146年罗马完全征服希腊为止，史称"希腊化时代"。在这一时期，尤其值得一提的是斯多噶学派倡导的人类平等的自然法哲学观念，对后来的罗马帝国的建立乃至整个西方社会的法制的发展奠定了理念基础。

在古希腊法的发展进程中，雅典和斯巴达两个城邦的法律较有代表性。特别是雅典城邦的法律对后世的影响更为深远，因而后人常常以其作为古希腊法的代表进行深入的探讨。根据学者的相关研究，构成雅典宪法基本部分的某些机构和惯例早在公元前7世纪末就已经大致成型。在此之后的半个世纪，"优良的立法家"梭伦通过其著名的改革"带来了民主制度的开端"。由是，梭伦立

[①] 有学者认为，希腊的历史和神的传说总是交织在一起。无论是在科学与哲学里，还是在艺术与文化中，神明的形象总是无时不在、无处不在。参见李郁夫《失落的文明》，大象出版社，2004，第40页。

[②] 创作了《安提戈涅》后的几年里，索福克勒斯意犹未尽，又创作了另外一部戏剧《俄狄浦斯》。在该剧中，戏剧家借用剧中人物之口，进一步抒发了自己对法律问题的深层次思考："法律诞生于天堂的最高层，并不是由凡人创造，遗忘不能使之沉睡，因为上帝赋予了我们永恒的力量。"参见余定宇《寻找法律的印迹》，法律出版社，2004，第36—37页。

法代替了德拉古的法典。①之后,平民领袖克里斯提尼(公元前508—前507年任执政官)的民主制改革以及伯里克利(公元前444—前429年任最高执政官)时代完成的"宪政"民主制等,一步步为雅典民主宪政制度与整个法律制度奠定了基础。

如果说古希腊主要在法律观念、民主制度的构建等方面为西方社会留下了丰富的文化遗产,那么,在它之后的罗马则在法律制度的建设方面更为深入和精致。当然,罗马法之所以能够后来居上,一个重要的原因可能是罗马这个由先前同样狭小的城邦逐渐发展成为地跨欧、亚、非三大洲的庞大帝国,存续的时间相对较长。②因此,美国学者约翰·麦·赞恩在《法律的故事》中这样写道:"罗马这个民族对法律具有特别的天赋,但这一天赋得到充分发展也需要漫长的岁月,罗马经历了近一千年才获得法律经验这笔财富。正是这样的经验孕育了诸如盖尤斯、蓬波尼厄斯、思卡沃拉、帕皮尼安、保罗、乌尔比安以及蒙代斯蒂这样的法理学家。"③

罗马法在沉寂多年以后于西欧重新获得生命力,主要归功于《查士丁尼法典》及其在11世纪的意大利重见天日。正是以11世纪的意大利的波伦那(或译博洛尼亚)为发源地,一场后来影响到几乎整个欧洲的罗马法复兴运动兴起,并漂洋过海波及英伦三岛,不同程度地引发了人们对于这一业已远逝的古老法律的关注与研究的热情。正是在这一意义上,我们说罗马再一次征服了西方世界。

罗马法的重要性也许不仅仅在于其精致的制度的构建、对于法律的分类、对于法典化的追求等等,更多的可能是它最终为意大利、法国、德国、西班牙等欧洲国家的法律提供了几乎全盘而现成的基础。当然,也正是以它为基础,西方两大法系之一的民法法系或曰罗马法系最终建立起来。因此,我们较为赞同国外学者的这一看法:"罗马法十分重要,它的影响不仅遍及世界,而且还缔

---

① 刘金国主编:《人类法律文化的丰碑》,中国政法大学出版社,2005,第25—26页。
② 从公元前8世纪罗马建城直到公元476年西罗马帝国灭亡,时间已逾千年;如果算至东罗马帝国(拜占庭)在公元15世纪被灭,则这一时间远远超过两千年。
③ [美]约翰·麦·赞恩:《法律的故事》,刘昕、胡凝译,江苏人民出版社,1998,第143页。

造了一个民法法系。"①

二、日耳曼法、教会法、西欧中世纪城市法与商法概况

继罗马人之后，一段时间内主导西欧大陆和英国等地的是在民族大迁徙中到来的日耳曼人。罗马法（或曰复兴的罗马法）、日耳曼法、教会法共同构成西方法律的三大支柱或渊源。因此，研究日耳曼法的产生、发展及其基本制度、特点和历史地位等，对于我们重新审视与日耳曼法不无渊源关系的大陆法系和英美法系都有着极为重要的意义。②

日耳曼法是继罗马法之后在西欧社会形成的一种重要的法律体系，这种法律是日耳曼各部族在入侵西罗马帝国后，受罗马法和基督教会法的影响，从原有氏族习惯逐渐发展而来的。日耳曼法所涵盖的范围，从时间上看，在公元5—9世纪，即西欧封建制度确立并进入割据的时期。

由于处在特殊的时代背景之下，日耳曼法表现出与其他法律文明相异的特点：一方面，基于封建制的要求，它维护的是阶级和等级的不平等；另一方面，它并没有完全去除氏族公社时期习惯法的痕迹。具体表现在以下五个方面：

第一，以团体为本位；

第二，法律适用上主张属人主义；

第三，注重形式；

第四，法律制度缺乏抽象性；

第五，法律的世俗化。尽管日耳曼人也信仰宗教并崇拜神灵等，但整体而言，其并不认为法律是神的旨意，而是民众大会的决议。

一般认为，基督教最初产生于公元1世纪的巴勒斯坦地区，它是犹太人对

---

① [美] 艾伦·沃森：《民法法系的演变及形成》，李静冰、姚新华译，中国法制出版社，2005，第21页。

② 美国学者约翰·麦·赞恩则从一个更为开阔的视野认识雅利安人（实为日耳曼人）的法律。他认为，雅利安人原始法律的精神至今仍然活跃在欧洲的法律文明中。在财产继承、争端及其伤害补偿等法律观念甚至文明立法程序中都可以找到源头。参见 [美] 约翰·麦·赞恩《法律的故事》，第45页。

千百年来的异族统治不断进行反抗,将希望寄托于宗教,盼望救世主降临来拯救自己的产物。这一宗教最初不见容于罗马统治者,但最终在极为不利的环境中保存了下来。在罗马帝国末期,基督教取得合法地位,并成为帝国的国教。在西罗马帝国灭亡后,基督教存活了下来,并逐渐发展壮大,极其深刻地影响了中世纪的西欧社会。因此,教会法的产生实际上是基督教发展的结果,直到中世纪中期,才形成独立的法律体系。公元325年,罗马皇帝君士坦丁主持尼西亚公会议,并颁布《尼西亚信经》。这是第一部教会法,被视为教会法产生的标志。[①]

教会法的发展大体上经过了形成、鼎盛和衰落三个时期:公元4—9世纪为教会法的形成时期;10—14世纪为其鼎盛时期;15世纪以后,伴随着宗教改革、世俗政权的强大,以及教会自身地位的相对式微等,教会法进入衰落期。

教会法的基本渊源包括:《圣经》、教皇教令集、宗教会议决议、法令、法令集、罗马法与日耳曼法的一些原则和制度。

教会法的基本制度包括:教皇国制度与教阶制度、财产制度、契约制度、婚姻家庭制度、继承制度、刑法制度、司法制度和诉讼法制度。

教会法的基本特点为:它是以基督教神学为理论来源的宗教神权法;它是封建性的法律;与中世纪其他世俗法律相比,教会法有着比较完备的体系。

就其历史作用而言,教会法是西方法律传统的重要组成部分,它与罗马法(或曰复兴的罗马法)、日耳曼法共同构成欧洲中世纪的三大法律支柱,而这三种法律之间有着内在的联系。

就其影响而言,教会法是一种超越国界的法律,至少在一段历史时期内深刻地影响到了西欧社会。其对后世的影响体现在法律思想和法律制度两个层面,成为连接西欧古代法律思想、制度与近现代西方法律的桥梁。尤其是在宪法、分权与制衡、婚姻家庭、国际法等诸多方面,教会法的影响是较为明显的。

在西欧中世纪的中后期,随着经济、政治、文化等的不断复兴,在西欧各地出现了一系列的大大小小的城市,由此引发了西欧历史上的城市自治运动,

---

① 教会法原是教会制定的对信徒、神职人员等在信仰、伦理和教会纪律等方面具有约束力的法规、条例等。

城市法的出现和发展就是此时期的一个重要标志。

关于这一时期的城市法的共同特征（或称共有特征），美国著名法学家伯尔曼将其归纳为三个方面：契约、参与和阶级。①

所谓城市法的宪法性特征，通过五种方式表现出来：城市法在大多数场合是根据成文的特许状建立起来的；通过特许状（或不通过特许状）所建立的政府组织体系在某些重大方面与当代西方宪法体系不无相似之处；城市法授予其市民权利的一大特色在于，它包括一种并非神明裁判或决斗裁判而是由同等公民裁判的理性的审判程序，具体如未经法律程序不得任意逮捕和监禁；典型的市民特许状免除了许多封建劳役和赋税，并对其他许多劳役和赋税有严格限制；政治权力最终属于市民全体。②

11世纪以来也是西欧商法发展和变化的关键时期。在城市规模和数量急剧增长的同时，出现了新的职业——商人，他们在乡村和城市从事大规模的商业交易。因此，正是主要为了满足新的商人阶级的需要，一种新型的商法体系才应运而生。伯尔曼认为，商法与当时的其他主要法律体系一样，具有客观、普遍、互惠、参与裁判制、整体以及发展的特性。在他看来，**商法**支配着特定地区（集市、市场、港口）的特定的一群人（商人）；同时，它也支配着城市、市镇中的各种商业关系。③

三、英国法、美国法、法国法、德国法、俄罗斯法以及欧盟法概况

作为西方法律文明的重要组成部分，**英国法**与欧陆各国法可谓同宗同源。但由于特定的地理位置和历史际遇等，英国法在诺曼征服后逐渐与欧陆法分道扬镳，走上了一条较为独特的发展道路，最终成为英美法系的源头。

---

① ［美］哈罗德·伯尔曼：《法律与革命》，贺卫方等译，中国大百科全书出版社，1993，第476—477页。
② ［美］J. W. 汤普逊：《中世纪经济社会史》（下册），耿淡如译，商务印书馆，1963，第426—430页。
③ ［美］哈罗德·伯尔曼：《法律与革命》，第414—415页。

古代英国法的发展和变化与两次异族入侵有关。公元5世纪中叶起，伴随着民族大迁徙，日耳曼人中的分支盎格鲁–撒克逊人入侵英格兰，由此确立了日耳曼法的主导地位。公元1066年，诺曼底公爵威廉（英王威廉一世，1066—1087年在位）发起的诺曼征服以及其后诺曼国王们的法律改革运动，给英格兰带来了一套全国统一适用的法律体系——普通法（Common Law）。

与欧洲大陆不同的是，中世纪中后期发源于意大利的罗马法"复兴"对英格兰并未产生压倒性的影响，主要原因也许在于此时的英国普通法足以和复兴中的罗马法相抗衡；另外一个重要的原因是英国的法律家阶层有着数百年的历史，"它已经形成了严密的组织结构、较强的职业内聚力和政治影响，他们致力于维护普通法，为了原则，也为了利益。而与此同样重要的是，法律家们有意识地在议会背后施加影响，而议会是那个时代政治斗争中的最终胜利者……"[1]

盎格鲁–撒克逊时期（公元5世纪中叶—1066年）的英国法与欧洲大陆的各蛮族国家的法律制度并无本质上的区别，其具有各日耳曼部族法所共有的一些特征，诸如法律等同于习惯，它只能被"发现"或被"宣示"，不能被"制定"；法律的分散性与属人主义原则，即法律因人因地而异；法律中保留着大量的日耳曼部族习惯如"马尔克"村社与土地制度、赎罪金制度、民众集会的政治组织形式；等等。大约从7世纪开始，受基督教影响，早期口耳相传的盎格鲁–撒克逊习惯法也开始了成文化的若干尝试，编撰了诸如《埃塞尔伯特法典》《伊尼法典》《阿尔弗烈德法典》等粗糙的法典。

作为一种法律渊源，英国的**普通法**是指12世纪中后期英王亨利二世（1154—1189年在位）法律改革以后出现的、普遍适用于英国全境的法律与司法规则。普通法的形成与英国封建制度下多元化的司法管辖权格局密切相关。

衡平法（Equity）是继普通法之后在英国出现的另外一套法律体系，它是由以大法官为首的衡平法院法官在司法审判活动中发展而来的。因其号称以"公平""正义"为基础，意在弥补普通法过分讲求程序和形式的缺陷，故而得名。因此，大约从13世纪开始一直到1873年《司法条例》出现之前，英国始终存在着两种法律与法院系：普通法与衡平法、普通法院与衡平法院。这种双轨制的

---

[1] [德] K. 茨威格特、H. 克茨：《比较法总论》，潘汉典等译，法律出版社，2003，第291页。

法律与法院系统并存的格局，构成英国法制史上的特色。

英国法的第三种重要渊源是**制定法**（Statute Law），即成文法。它是指享有立法权的国家机关或个人以明文制定并公布施行的法律规范。作为一种法律渊源，制定法在英国由来已久，其最初是指国王经由贵族们"同意"后制定的王室法令。后来，随着英国议会权力的上升，这种立法权逐渐为议会所掌控。而且，近代以来，英国制定法的数量不断增多，法律地位也有较大提升。

近代以来，与时代的发展大体一致，英国法有几次大的变迁。17世纪40年代，英国爆发资产阶级革命，最终资产阶级与新贵族达成妥协，君主立宪制在英国确立，由此也引发英国法律制度的变革。与欧陆一些国家（典型如法国）不同的是，至少在形式上，英国并未全然抛弃先前的法律，而是采用了"旧瓶装新酒"的方式，对原来的法律进行改造，使之能够适应资本主义发展的需要。

进入19世纪，随着工业革命在英国取得成功，受当时各种新思潮的影响，英国法再度步入改革时期。这次改革主要表现为三个方面：议会选举制度得到改革；制定法数量大增，地位提高；以简化法院组织与程序法制度为中心的司法改革在英国展开。此外，英国在刑法、监狱制度、证据法、济贫法等方面均进行了卓有成效的改革，由此推动了整个英国法律近代化的进程。

20世纪以来，英国的国际地位和国内情况均发生了很大的变化，促使英国对自己的法律做出相应的调整：制定法的比重和作用进一步上升；议会选举制度得到进一步完善；欧共体法（1993年后称欧盟法）成为英国法的重要渊源。

此外，在英国法的发展过程中，作为其中的一支，**苏格兰法**有着相对独特的历史。在1707年以前，英格兰与苏格兰是两个互不隶属的独立王国，后者有独立的议会、政府组织与司法机构。就法律渊源而言，合并之前的苏格兰受罗马法尤其是中世纪中后期复兴的罗马法的影响较深。甚至一直到19世纪，罗马法都是苏格兰最强有力和唯一的外在影响因素。当然，英国普通法对于苏格兰的影响也不容忽略。特别是在17世纪初苏格兰国王詹姆斯六世继位为英格兰国王（史称詹姆斯一世，1603—1625年在位）以来，两个独立王国处在同一个国王的掌控中，出现所谓"共主联邦"（Union of Crown）的情况。1707年，英议会通过《联合法案》，使得苏格兰与英格兰永久合并为统一的不列颠王国。此后，英国议会颁布的制定法统一适用于不列颠各地，议会上院享有苏格兰上诉案件管辖权,这些都使得苏格兰不断远离罗马法而与普通法结下不解之缘。

综观英国法,其历史难以与东方的古埃及法、楔形文字法、希伯来法、古印度法、古代中国法等匹敌,即使与西方的古希腊-罗马法等相比,在时间上也难以望其项背。但是,在世界法制发展的历程中,英国法却有着非同寻常的辉煌。举凡议会制度、宪法、侵权、信托等,均出自英国法。而且,在法律的运作方面,英国法给我们留下了诸多启示。无怪乎美国著名法学家威格摩尔在谈到英美法系时曾经有如下精彩表述:"回顾历史,可以认为,英美法系能够得以存在并继续发展的最重要的一个因素就是,我们拥有一支强有力的、团结的、经过良好训练的法律职业者队伍。"[1]

美国法是英美法系/普通法系的主要成员之一,也是英国法在海外(北美大陆)传播和发展的成功范例之一。

美国法的历史虽然不长,但由于20世纪以来美国在国际上举足轻重的地位和法律制度的较快发展,其对当今世界的法律有着重要的影响,其对普通法的传承和发展引人注目。尤其是在宪法、司法审查、法律教育、法律思想的活跃性与多样性、反垄断法等方面,美国法均留下了较为深刻的内容和特色。

在欧洲大陆国家的法制发展进程中,**法国的法律制度**的产生和演变颇有代表性。

公元843年,查理大帝建立的查理曼帝国被他的孙子们分裂为三个独立的王国,即后来德意志、法兰西、意大利三国的雏形,法兰西王国的历史由此而展开,这也标志着西欧法律由日耳曼法占主导地位的阶段进入以分裂的地方习惯法为主的时代。[2]

法兰西王国是中世纪西欧封建制度的中心,在长达千年的历史进程中,形成了丰富多彩的法律文化,其法律形式和法制进程都具有典型性,因而代表了西欧封建法律的基本特征和发展规律。

---

[1] [美]约翰·H.威格摩尔:《世界法系概览》(下),何勤华等译,上海人民出版社,2004,第942—946页。

[2] 公元843年,查理大帝的三个孙子路易、罗退尔一世和秃头查理签署《凡尔登条约》,瓜分了查理曼帝国。其中,秃头查理获得西法兰克,即后来的法兰西。参见何勤华主编《法国法律发达史》,法律出版社,2001,第14页。

与整个西欧封建法的历程相对应,法国的封建法也经历了三个阶段:封建割据时期(9—13世纪)、等级代表君主制时期(13—16世纪)和君主专制时期(16—18世纪)。由日耳曼法(习惯法)与罗马法(成文法)的南北对峙①、教会法与世俗法的分庭抗礼的局面逐步走向法制的统一化、民族化,并为近代法国资产阶级法制的确立奠定了基础。

关于法国法,恩格斯曾经有过如下评价:"法国在中世纪是封建制度的中心,从文艺复兴时代起是统一的等级君主制的典型国家,它在大革命中粉碎了封建制度,建立了纯粹的资产阶级统治,这种统治所具有的典型性是欧洲任何其他国家所没有的。"②大体上说来,法国法有以下几个方面的特征:西欧封建法的典型,资产阶级革命后成为大陆法系国家的典型代表;以启蒙思想的自然法学说为指导,其结构以成文法为表现形式,基本原则明确,具体制度系统完整;沿袭了罗马法传统,确立了公法与私法的分类,并且出现了社会经济立法的新领域;法国的法院系统分为普通法院和行政法院,奉行普通法院和行政裁判权分立的原则。

就其影响而言,法国堪称大陆法系(或称罗马-日耳曼法系/民法法系/成文法系)的主要母法国。这一地位表现为资产阶级革命后的法国法的创制,尤其是拿破仑时代创立的"六法体系"对于大陆法系的形成与发展的强大塑造力。当然,在评价法国法的时候,我们不能忽视法国的思想家、法学家们在其中的重要贡献。中世纪以来,法国涌现出了一大批杰出的思想家与法学家,如居亚斯(1522—1590)、让·博丹(1530—1596)、孟德斯鸠(1689—1755)、卢梭(1712—1778)、朴蒂埃(1699—1772)、康巴塞雷斯(1753—1824)、狄骥(1859—1928)等人,他们对于法国的法律文化乃至世界的法律文化均做出了巨

---

① 大致以罗亚尔河为界,法兰西分为两个法律地区:南部是所谓"成文法地区",由查士丁尼编纂的罗马法为该地区的主要法律,并以罗马习惯的方式适用于所有的人。北部是"习惯法地区",法兰克王国敕令集、教会法以及地方性日耳曼习惯法构成该地区的习惯法,罗马法只作为辅助参考。参见由嵘主编《外国法制史》,北京大学出版社,1992,第143页。另据国外学者的统计,到1789年法国大革命爆发时,在法国仍然存在着六十余种区域性的习惯法和三百种以上的地方性习惯法。转引自何勤华主编《法国法律发达史》,第16页。

② 《路易·波拿巴的雾月十八日》,《马克思恩格斯选集》第1卷,人民出版社,1995,第582—583页。

大贡献。

德国作为一个国家的历史可以追溯到公元843年的《凡尔登条约》。但德意志人的祖先日耳曼人的历史则较为悠久，至今有2000多年。当然，本书主要探讨中世纪以来的德国法。在世界法制的历史进程中，**德国法**在19世纪一度处于领先地位；其在法律制度的构建方面也有着特殊的贡献，诸如团体法、社会法、经济法、民商法等领域，我们均可以发现德国法的踪迹。

此外，德国还曾经为世界法制的发展贡献了一大批堪称一流的思想家和法学家，诸如塞西斯（1461—1535）、普芬道夫（1632—1694）、胡果（1764—1844）、萨维尼（1779—1861）、耶林（1818—1892）、拉德勃鲁赫（1878—1949）等。[①] 当然，在纳粹统治时期，希特勒政权制定的法律值得人们反思。

从法律文化传统上来看，俄罗斯法以成文法为主要渊源，基本上属于大陆法系的范畴。在相当长的历史时期内，俄罗斯法形成了自身的特色，大体上经历了古俄罗斯时期（公元9世纪末—14世纪末）、俄罗斯中央集权形成与巩固时期（14世纪末—17世纪末）、俄罗斯帝国时期（18世纪初—18世纪末）、资本主义发展与农奴制解体时期（19世纪初—20世纪初）、苏联时期（20世纪初—1991年）、苏联解体以来的俄罗斯联邦时期等阶段。因此，在今天，回顾和探讨俄罗斯的法律进程，颇有历史与现实的双重意义。

就其基本特征而言，**俄罗斯法**的法律渊源比较统一，属世俗法；法律形式上，接近大陆法系，即成文法相对发达，判例法不被认为是法律渊源。

俄罗斯法在早期属于斯拉夫法系，后又继受罗马法。十月革命后，作为世界上第一个社会主义国家，俄罗斯创立了第一个社会主义法律体系——苏联法，其法律理论与实践深刻地影响到包括中国在内的其他社会主义国家。但其理论中的一些较为负面的因素也值得我们注意和反思，例如片面强调法的阶级性、法学中的国家主义倾向，等等。

二战以后，欧洲国家为了防止战争再度爆发，实现欧洲的永久和平，同时也使欧洲不依附于超级大国，提出了建立欧洲联合体的设想。例如，丘吉尔于1946年9月在瑞士苏黎世发表演说，表达了建立以法、德为基础的"欧洲联合

[①] 何勤华主编：《德国法律发达史》，法律出版社，2000，第76—106页。

国"的设想与建议。当然，建立一个统一、强大的欧洲的梦想可以追溯到中世纪后期。

1951年4月，法、德（德意志联邦）、意、荷、比、卢六国在巴黎签署的《建立欧洲煤钢共同体条约》标志着欧洲一体化迈出了关键的一步。1957年，上述六国在罗马又签署了《建立欧洲经济共同体条约》和《欧洲原子能共同体条约》。通常，我们把在以上三个条约基础之上建立起来的共同体称为欧洲共同体。

经过多年的发展，欧洲共同体的成员国已由原来的六个发展到现在的二十七个（2016年6月24日，英国公投，宣布脱离欧盟，欧盟成员国由二十八个变为目前的二十七个），合作范围也不断扩大，并在1993年正式改名为欧洲联盟。这一机构也由最初经济方面的合作发展为政治、外交、安全、司法、环境等多领域、多层次的合作。

就其法律渊源而言，欧洲联盟法主要包括：条约、欧洲联盟立法、欧洲法院的判例与解释、世界贸易组织的规定、国际法与国际协定、法的一般原则。

作为一种特殊的法律体系，**欧洲联盟法**的效力体现为：直接效力原则（即欧盟所有的条约、由立法派生的规则和指令可以在成员国或接受指令的成员国直接适用，无须上述成员国国内立法机关的同意。做出的决定对所有的欧盟成员国及成员国个人具有直接的效力）；间接效力原则（指不能直接在成员国适用或需要成员国通过国内立法程序予以转化或其他配合才能适用的原则，如决定、共同体缔结的国际协定等）。

欧洲联盟法的基本制度包括：宪法法律制度、欧盟市场法律制度、欧盟对外贸易法律制度、外交与安全以及内务方面的法律制度。

作为一个开放的、处于不断变化发展之中的法律体系，欧盟法的基本特点可以归纳为：一个自成体系的法律；具有联邦法的属性；使得西方两大法系日益融合；法律全球化的实验室。

就其影响而言，欧盟法是一种比较特别的法，为国家之间的经济与政治合作提供了一个较为成功的模式。此外，由于欧盟成员国不断增多，欧盟版图不断扩大,如何处理不同文化背景的成员国之间的文化、宗教等方面的差异,欧盟(包括其法律)为我们提供了一定的经验。总之,欧盟在经济、政治、文化、法律等方面为我们提供了诸多经验,其独特的法律文化值得我们研究和探讨。①

---

① 以上关于西方法律形成与发展的概况,另可参见郭义贵、方立新主编《外国法制史》(导论),清华大学出版社,2010。

第一章（引言） 苏格拉底之审判：守法即正义

(古希腊，公元前 399 年)

一、案件由来

苏格拉底（Socrates，前469—前399）是古希腊唯心主义哲学家、伦理学家，是奴隶主贵族派的代表。他生于雅典，父亲是一位雕刻匠，母亲是一位助产婆。在伯罗奔尼撒战争时期（前431—前404），苏格拉底曾三次随军远征，表现出非凡的勇敢。苏格拉底一度有财力作为重甲步兵在军中服役。当时所谓"重甲步兵"是指雅典城邦的公民，虽无财力养马，不能充任骑兵，但其财产足以购置全副盔甲，便可在军中作为重甲步兵服役。所需全套装备包括头盔、胸甲、胫甲、铜制盾牌、铁制短剑，以及用于进攻的长矛。[①]在雅典奴隶主阶级内部贵族派与民主派的斗争中，他站在贵族集团一边。在"三十僭主"统治期间（前404—前403），他拒绝执行暴君们要他去逮捕并处死一个人的命令。但是，在民主制恢复后，苏格拉底却以"腐蚀青年，不信奉雅典城邦的神和发明新神"的罪名而受到指控，并被判处死刑。他虽有机会出逃，但坚持一个公民必须遵守法律的信念，于公元前399年在狱中服毒自尽。

二、审判过程、结果

公元前399年，三个雅典人通过正规起诉把苏格拉底推上法庭。这三人中的领导者是安尼图斯，一个富有的皮革匠，曾为雅典民主的重建出过力。安尼图斯因为苏格拉底批评城堡中的政治家而不快。另一位起诉者马拉图斯，是一个年轻的诗人，他因苏格拉底讥讽新一代雅典诗人而怀恨在心。第三个人是里康，一个雄辩家，他认为苏格拉底关于雄辩家的议论侮辱了自己的人格。[②]

根据当时雅典的法律，对苏格拉底的起诉交由城堡（或译城邦）的执政官

---

① 参见［英］朱莉娅·安娜斯《解读柏拉图》，高峰枫译，外语教学与研究出版社，2007，第125页。
② 参见［美］托马斯·帕克主编《开庭：改变人类进程的115件世纪大案》，刘璐、张华伟等译，海潮出版社，2000，第575页。

处理。执政官召开了一个听证会,以决定苏格拉底的诉讼是否严重到需要审判的地步。马拉图斯准备了三条诉讼理由:第一,苏格拉底拒绝礼拜城堡所敬的众神;第二,宣扬他自己的一些新神灵;第三,腐蚀年轻人。苏格拉底已经犯罪,应判处死刑。

当时雅典的法律规定,审判中禁止作伪证,但只是禁止证人作违法的错误的证言,而不禁止被告人和起诉人。他们只是被要求在预先的听证会上宣誓所诉都是真实的。

执政官在公民大会(由公民作为审判者组成的法庭)上组织审判。这个组织类似于现代的陪审团,只是规模更大一些,其规模因具体的案件而定。在对苏格拉底的审判中,据说有500—567人。多数历史学家认为是501人,是个奇数,以避免最后投票时两方票数相等。

据说当时还是年轻的诗人,也是苏格拉底的追随者之一的柏拉图参加了审判,随后回忆并记录了苏格拉底在为自己辩护时做的一系列演说。否则,作为后人的我们恐怕难以知道此案的真相。柏拉图所做的审判记录以《辩护》(或译《申辩篇》)而闻名。①

苏格拉底最终被判处死刑,行刑前的一段时间,他被关押在监牢里。在等待死刑的日子里,他每天早晨可以在监牢里会见他的妻子、三个儿子以及朋友们,他还是像以前那样与他们谈话。朋友们为他设计了许多方案帮助他越狱,但都被他严词拒绝。他说,作为一个公民,有义务去遵守法律。

最后一天终于到来,苏格拉底在狱中接过狱卒送来的毒酒,平静地饮尽杯中酒,与朋友做最后的告别。"他就这样死去了,"柏拉图后来写道,"他是我们认识的人中以最高贵的方式死的,也是我一生中见过的最贤明、最公正的人。"②

---

① 参见[美]托马斯·帕克主编《开庭》,第576—578页。
② [美]托马斯·帕克主编:《开庭》,第576—577页。

三、案件点评

苏格拉底的审判或苏格拉底之死，是雅典乃至西方甚至世界历史上的一个重大事件，该案折射出来的意义是多重的，至今仍值得我们关注和探讨。

其一，关于苏格拉底审判的合法性这一问题就值得争论。在西方近现代以来，思想上的歧异和争议本不应成为法律问题，更不应当成为关乎一个公民生死的问题。然而，在苏格拉底的时代，由于政治环境的复杂以及人际关系的复杂，不同思想或政见者或许就不见容于其所处的社会。因此，后来的一些西方思想家们呼吁思想自由、言论自由的权利等，也就不足为奇。以思想、言论入罪并置人于死地，是古代雅典的耻辱。毫无疑问，在后人看来，苏格拉底的审判实则是一起冤案。

其二，鉴于古希腊司法机构的不尽完善（例如，没有后来常设的法院，也没有专业的、专职的、相对中立而公正的法官与陪审团等），我们也就勉强可以理解何以以古代民主、自由著称的古代雅典城邦会出现如此侵犯公民基本权利与自由的案件。

其三，该案的当事人也是被害人苏格拉底对于审判的态度值得玩味。按照常理，苏格拉底不会不知道这起针对他本人的不公正审判缺乏最起码的公正性，是一种"恶法"的体现。但是，苏格拉底却十分平静地接受了这一切，最后从容赴死，实现了他生前多次倡导的"守法即正义"的理想。

其四，仅凭上述三个人的起诉，雅典城邦就能以此作为审判的依据，在其后的人类社会中，也是难以想象的。

四、知识点、重难点

这是一起发生在2000多年前的古希腊雅典的著名案件，当然不属于近现代，但因其知名度甚高，意味无穷，故而本书特意将其作为引言而收入，希望我们可以借此大致窥见当时的雅典社会状况及其精神风貌等。

在西方思想史上，尤其是古希腊哲学史上，苏格拉底都是一个不得不提的重要人物和思想高峰，他的思想极其深刻地影响了当时的一批人，特别是柏拉图等人。在柏拉图的许多著作中，我们会很容易地发现苏格拉底的影响或思想痕迹。

由于苏格拉底"述而不作"，因此他没有留下什么著作。关于苏格拉底的思想，主要来源于苏格拉底的两位弟子柏拉图和色诺芬对他的记述。[①]

苏格拉底的思想以及思维方式丰富多彩，给后人留下了不少逸闻趣事。例如，他倡导的"精神助产术"、启发学生思考的"麦穗的故事"等，均给人较多的启发和思考。

这位思想家的思想归纳起来的话，可以大致分为三个方面：

（1）"认识你自己"

苏格拉底以前的哲学家都以自然为研究对象，研究"宇宙的本原是什么"。苏格拉底批判自然哲学家们只注重世界，却没有审视自己的心灵，他们想要找到一个新的支撑世界的天神，却不知道这个支撑世界、包罗一切的力量就是善，它就存在于人的心灵之中。

（2）"美德即知识"

苏格拉底生活在教授修辞、论辩的智者中间。智者着重演说、诉讼能力，而不是寻求真理。他们中的许多人相信"知识就是感觉"的相对主义、"强权就是正当"的约定主义以及"每一事情都有两种正反说法"的怀疑主义。他们把语言技艺当作智慧，以功利为标准，变对话为文字游戏，使"智者"成为"诡辩"的代名词。[②] 而苏格拉底认为，美德即知识。或许正是这一点，使他在追求真理的过程中，树敌甚多。上面起诉他的三个人，估计都与他在思想观念上形成了严重的对立和冲突。

[①] 苏格拉底貌不惊人，但谈话极富魅力。他常在街头、集市等公共场所与各种人交谈，常常吸引很多听众。他与人谈话涉及的内容很广泛，但特别注重道德问题。在他周围，有一批得意门生，如柏拉图等。他一生没有留下什么著作。关于他的哲学思想，主要来自色诺芬的《回忆录》(或译《回忆苏格拉底》)和柏拉图写的哲学对话如《理想国》。参见叶孟理《欧洲文明的源头》，华夏出版社，2000，第182页。

[②] 参见徐爱国、李桂林、郭义贵《西方法律思想史》，北京大学出版社，2002，第19—20页。

(3)"守法即正义"

苏格拉底认为,凡合乎法律的就是正义的,公正的人就是遵守法律的人。人们之所以要服从法律,是基于以下理由:第一,可以感谢国家赐予的恩惠。第二,服从法律有利于提高城邦成员的道德水平和正义意识。第三,服从法律是公民的天职、责任和义务。而苏格拉底就以自己的行为履行了服从法律的义务。据柏拉图《申辩篇》记载,苏格拉底拒绝朋友们为他安排好的营救计划,可以逃走而不逃走。在生命的最后一个月里他视死如归,最后平静地饮下毒酒,实践了他的政治和法律信仰。[①]

毫无疑问,苏格拉底关于"守法即正义"的观念及其实践尤为令人感佩。

五、思考题

(1)我们应当如何理解苏格拉底所处的古代雅典社会的司法审判活动?当时的雅典对于他的审判是公正的吗?为什么?试分析。

(2)如何理解苏格拉底的"守法即正义"?

[①] 参见徐爱国、李桂林、郭义贵《西方法律思想史》,第21页。据说,苏格拉底临死前,朋友痛心疾首地说:"他们是在不公正地处死你啊!"苏格拉底语重心长地说:"难道你希望我被公正地处死吗?"

第二章　托马斯·莫尔之审判：王权与圣徒

(英国，1535 年)

一、案件由来

16世纪早期，马丁·路德等人在德意志领导了宗教改革，基督教再度产生分裂。①

马丁·路德等人领导的宗教改革很快传到瑞士、法国、尼德兰、英国、北欧等国家和地区，形成了声势浩大的群众性运动，对于西欧社会的影响极大。②

英王亨利八世③开始是反对路德的改革主张的，曾写了《保护七项圣礼》的小册子，以论战回应马丁·路德关于天主教会罪恶的批判。托马斯·莫尔是宗教改革的坚定反对派，他帮助国王撰写文章进行反驳。当遭到路德的回击时，莫尔以卡利尔莫·劳山的笔名写了《回答路德》（1523年）一文，反唇相讥。1526年他又在《书信集》里对路德的全部教义进行抨击。在双方的论战中混杂了很多人身攻击和过分侮辱，这进一步加深了莫尔为乌托邦中所描述的秩序和纪律而奋斗的信念。

但是英国的宗教改革势在必行，亨利八世的离婚案加速了改革的进程。1502年，亨利的哥哥阿瑟去世，亨利成为英国王位的法定继承人。1509年他

---

① 1517年，教皇利奥十世批准出售赎罪券，以此来盘剥和搜刮民财，引起了社会的普遍不满。马丁·路德在维滕堡大学张贴了《九十五条论纲》，谴责教皇严重滥用职权，点燃了德国宗教改革的烈火。教会势力攻击路德为异端，而德国各阶层则全力支持他。在选帝侯腓特烈的庇护下，路德暂时免于被定罪。但由于论纲中所包含的一些原则必然会引起当时教会许多惯例的巨大改革，因此一场辩论已势不可免。1520年，教皇颁发敕谕，申斥路德言论有41条罪状，命令焚毁路德的所有著作，并勒令他在60天内悔过，否则革除教籍和判罪。然而，路德当众焚烧了教皇的敕谕。在这一年里，路德发表了三篇论著：《致德意志基督教贵族书》《教会的巴比伦之囚》《论基督教徒的自由》，系统地阐述了他的神学思想。参见徐爱国、李桂林、郭义贵《西方法律思想史》，北京大学出版社，2002，第78—79页。1054年发生了基督教首次分裂或称东西方教会大分裂，虽然二者在文化传统、历史、地理等方面的分歧由来已久，但最终导致大分裂的直接原因是双方领导集体为争夺教会最高统治权力冲突的激化。参见王美秀等《基督教史》，江苏人民出版社，2006，第74—75页。

② 参见王美秀等《基督教史》第十一章《宗教改革》。

③ 亨利八世（Henry VIII，1491—1547），英王亨利七世与伊丽莎白王后的次子，都铎王朝第二任君主（1509—1547在位），英格兰与爱尔兰的国王。亨利八世为了休妻另娶新皇后，与当时的罗马教皇反目，推行宗教改革，并通过一些重要法案，容许自己另娶；又将当时英国主教立为英国国教大主教，使英国教会脱离罗马教廷，自己成为英格兰最高宗教领袖；并解散修道院，使英国王室的权力达到顶峰。他在位期间，将威尔士并入英格兰。

娶了哥哥的妻子——阿拉贡的凯瑟琳，天主教双王斐迪南二世和伊莎贝拉一世的女儿。亨利八世娶妻是为了维持和西班牙的同盟。然而教会并不允许一个男人和他哥哥的妻子结婚，不过凯瑟琳声明，她的第一次婚姻并未圆房，最终这次婚姻获得合法性。多年来亨利八世和凯瑟琳的婚姻还算美满，但是凯瑟琳一直无法为亨利八世生个儿子以继承王位。亨利后来迷恋于凯瑟琳王后的一位宫女——安妮·博林。1527年，亨利命令枢机主教沃尔西向教皇申请离婚。但根据《圣经》的禁令，教皇克雷芒七世拒绝亨利八世与凯瑟琳离婚。1529年，沃尔西被亨利撤职，由托马斯·莫尔继任此一职务。此时，陷入爱河的亨利开始相信新教徒所说的教皇只是罗马的主教而已，因此教皇无权管理全部的基督教教会。亨利八世在宗教改革问题上突然改变态度，注定了莫尔与国王之间的矛盾冲突。莫尔笃信天主教，在1529年至1533年间，他发表了七本辩论的小册子，第一本也是写得最好的一本名为《论异端问题的对话录》。

身为大法官的莫尔，在公开场合仍然以国王代言人的面目出现，但他深知他和国王的矛盾是无法调和的。1530年，英格兰的贵族和高级教士联名写信给教皇，要他宣布亨利八世与凯瑟琳的婚姻无效，莫尔未在信上签名，他认为凯瑟琳应是国王真正的妻子。他反对在英国进行宗教改革，尽管他也曾抨击天主教的腐败现象，但他主张天主教内部改良，主张用全教会代表会议来限制教皇权力。他认为欧洲应由一个统一的教会来维系，以减少战祸。

莫尔于1532年毅然辞去大法官职务。对于莫尔的不为己用和辜负信任，亨利深感恼怒。但莫尔不愿抛弃自己的信仰以换取亨利的开恩，继续坚持自己虔诚的天主教信念。1533年，莫尔写了两本著作替自己辩护，并反驳异端。这时已是流言四起，许多莫须有的罪名加到莫尔的头上，但莫尔凭着其崇高的声望和敏捷的辩才，保护了自己。

二、审判过程、结果

1533年，亨利八世与凯瑟琳离婚，与安妮·博林结婚。莫尔拒绝参加安妮·博林的王后加冕典礼。次年，议院通过《至尊法案》，宣布亨利八世为英国教会的最高首领,全国臣民都要宣誓承认。莫尔拒绝宣誓,因而被关进伦敦塔。

在被囚禁的日子里,莫尔写了《耶稣受难史》,但写到圣餐制的设立时,由于狱中没有精确的参考资料而辍笔。他又另写了一部著作,题为《快乐对苦难对话录》,书中点缀着不少《圣经》的训诫和幽默的趣闻轶事,其中有些情节带有自传性质。

在狱中一年多的时间里,他三次拒绝宣誓。由于他坚不吐露拒绝宣誓的理由,所以无法审判定罪。在狱中,托马斯·莫尔曾与朋友诺福克有一段经典的对话——

诺福克:"在英国,谁不服从国王,就没有好结果。"

莫尔:"我已经再三思索考虑了,但是,我不能违背自己的良心。"

诺福克:"托马斯,我怕你将要付出很高的代价。"

莫尔:"自由的代价的确很高。然而,即使是最低级的奴隶,如果他肯付出代价,也能享有自由。"

后来亨利八世的检察官作假证诬告莫尔说过"议会无权宣布亨利八世为教会的最高首领"的话。尽管莫尔据理抗辩,可是陪审团还是一致裁决他"有罪",应处死刑。在审判他的法官中有新王后安妮·博林的父亲、哥哥和叔叔。

莫尔被判定为叛国罪,国王将肢解刑从轻改为斩刑。莫尔得知这一消息后,大声说:"求天主保佑我的亲朋,免邀此种恩宠。"这句诙谐语是对亨利八世专制暴虐的嘲讽。在临刑前的五天时间里,他写好了漂亮的祈祷词和告别信。1535年7月7日,托马斯·莫尔被处死刑,临刑前仍谈笑自若。[①]

[①] 关于托马斯·莫尔的生平,另可参见[英]托马斯·莫尔《乌托邦》,戴镏龄译,商务印书馆,1982。亦可参见[苏联]奥西诺夫斯基《托马斯·莫尔传》,杨家荣、李兴汉译,商务印书馆,1992。

三、案件点评

托马斯·莫尔之审判实则是当时英国政坛风云变幻的一个表现，与16世纪早期开始的西欧宗教改革有关，与英王亨利八世的自私、贪婪、专横、暴虐有关，与当时英国法制的相对欠缺有关。

先谈谈当时的宗教改革对于英国的影响。根据上面的介绍，亨利八世起先是反对马丁·路德等人领导的宗教改革的。后来之所以在这一问题上他的立场发生了根本性的变化，就在于他为了有一个男性继承人，要休掉不能为他生育男孩的王后凯瑟琳。当然，此事如果放在古代中国宫廷就不成问题，因为同一时期的中国明朝奉行的是一夫一妻多妾制，中国的皇帝更是这一婚姻制度的身体力行者与最大受益者。但是在欧洲，由于深受基督教教义的影响，历来严格奉行一夫一妻制，即使贵为帝王，也不能例外。所以，引发亨利八世与莫尔激烈冲突的一个重要原因就是英王的离婚问题。

鉴于当时英王的权势，托马斯·莫尔开始采取的是一种消极、不合作的态度。1532年，由于健康状况恶化，更可能是因为对于国王的不信任，莫尔辞去了英国大法官这一显赫的职务，从政坛上隐退。①

即便如此，莫尔还是未能逃脱亨利八世的报复。他被要求出席一个王室会议，在那里，他被要求发誓赞同《继承法》(1534年)。这一法律宣布亨利与凯瑟琳的婚姻无效、与安妮的婚姻有效。莫尔承认安妮现在是真正的王后，但拒绝遵从誓言，因为这意味着抛弃天主教会的至上性。1535年5月7日，当他就《至尊法案》受到质询时，莫尔拒绝直接答复。结果，他被控犯有叛国罪并被处死。②莫尔之死，原因如上，较为复杂。此外，值得一提的是，莫尔本人对于天

---

① 参见［美］托马斯·帕克主编《开庭：改变人类进程的115件世纪大案》，刘璐、张华伟等译，海潮出版社，2000，第632页。

② 参见［美］托马斯·帕克主编《开庭》，第632—633页。英国普通法曾长期将犯罪分为三类：叛逆罪、重罪、轻罪。其中，叛逆罪（treason，或译叛国罪）是指危害国家主权和安全的犯罪，如杀害国王、发动反对国王的战争等。参见郭义贵、方立新主编《外国法制史》，清华大学出版社，2010，第209页。

主教的虔信。这一点，从之前他与马丁·路德的思想交锋即可看出。所以，我们也就不难理解，为什么莫尔去世三百多年后，被罗马天主教会追封为圣徒。

四、知识点、重难点

西方社会对于宗教历来极为虔诚，同时也极为敏感，易生冲突，缺乏信仰自由与宽容，这与古代中国社会对于各种宗教兼收并蓄的态度截然不同。

基督教产生于罗马帝国后期的耶路撒冷，其渊源可以追溯到更为古老的犹太教。在大约两千年中，基督教从一个名不见经传、信徒寥寥的宗教逐渐变成信徒众多的宗教，最终成为世界上三大宗教之一（另二者是佛教、伊斯兰教），具有极其巨大的、超越时空的影响力。[1]

基督教从一个十分不起眼的宗教团体发展为世界性的宗教，经历了太多的曲折、冲突、分裂甚至流血与战争。它在精神领域、世俗领域（与西方的法律关系密切）长期影响甚而左右欧洲各民族的生活。其辐射力在后来已不限于欧洲，扩散到了亚洲、美洲、非洲、大洋洲等地。[2]

托马斯·莫尔无疑是一个虔诚的天主教徒。今天的我们可能会觉得他不够灵活，不懂得变通或妥协。但是，如果我们理解历史上的欧洲人对于宗教的虔诚、执着或曰狂热，我们也许就能够更好地理解其悲剧性的命运。倒是那位专制、暴虐的英王亨利八世，尽管通过强权，攫取了英国政教首脑的位置，但其所作所为，却十分市侩和功利，可谓一个十足的"马基雅维利式的人物"。[3]

---

[1] 参见黄心川主编《世界十大宗教》，东方出版社，1988。
[2] 参见郭义贵《伯尔曼的法律世界：信仰与秩序的谐调》，知识产权出版社，2013，第182—183页。
[3] "一阵恐怖的浪潮，袭击着英国各地，亨利的残酷，震惊了整个欧洲。"这是美国当代学者威尔·杜兰在"亨利八世与莫尔"一章中的评论。参见［美］威尔·杜兰《马丁·路德时代》，台北幼狮文化公司译，东方出版社，2007，第355页。

五、思考题

（1）如何理解托马斯·莫尔之审判？

（2）英王亨利八世为了私利，颁布了《至尊法案》。试分析这一法案的主要内容及其实质。

第三章 伽利略之审判：宗教裁判所之余威

(意大利，1633 年)[1]

---

[1] 参见蒋楚麟、赵得见主编《外国科学家》，北京图书馆出版社，1997，第25—40页。

一、案件由来

15、16世纪的欧洲，正是封建社会向资本主义社会转变的关键时期。长期以来，为了巩固封建统治的秩序，神权统治的欧洲，用神学代替了科学，用野蛮代替了自由。神学家们荒诞地宣称，宇宙是一组"套着的水晶球"，充满"各种等级的天使"，而静止不动的地球就居于这些水晶球的中心。他们推崇古希腊天文学家托勒密的"地球是宇宙中心"的学说。在神学家看来，太阳是围绕地球运转的，因为上帝创造太阳的目的，就是要照亮地球，施恩于人类。这是永恒不变、颠扑不破的真理。

为了维护这个荒谬的理论，天主教会的宗教裁判所不惜用恐怖的暴力手段对付一切敢于提出异议的人们。1327年，意大利天文学家采科·达斯科里被活活烧死，他的罪名只不过是说了地球是球状，在另一个半球上也有人类居住。1600年2月17日，意大利哲学家布鲁诺，在罗马百花广场被烧死，也是因为他到处宣传哥白尼的学说，动摇了地球中心说。[①]

伽利略是布鲁诺的同时代人，早在帕多瓦大学执教时，他就读过哥白尼的著作《试论天球运行的假说》(又名：《天球运行论》)。这位杰出的波兰天文学家在书中大胆地提出太阳是太阳系的中心，地球和其他行星都围绕着太阳运转的理论，即"太阳中心说"，一开始就引起伽利略的极大兴趣。但是伽利略是个科学态度十分严谨的学者，他想，过去都说是太阳围着地球运转，哥白尼却提出相反的看法，到底哪一个正确呢？伽利略没有轻率地下结论，他决定用自己的望远镜来证实谁是谁非。

当伽利略的著作《星际使者》出版时，他已是哥白尼学说坚定的支持者了。伽利略通过自己的观测和研究，逐渐认识到哥白尼的学说是正确的，而托勒密的"地球中心说"是错误的，亚里士多德的许多观点也是站不住脚的。伽利略不仅发表了批驳亚里士多德的论文，还通过书信毫不掩饰地支持哥白尼的学说，

---

① 关于布鲁诺审判的详细过程，可参见董进泉《黑暗与愚昧的守护神——宗教裁判所》，浙江人民出版社，1988，第312—326页。

甚至把信件的副本直接寄给罗马教会。在伽利略看来，科学家的良心就是追随真理。

但是，罗马教廷是决不会放过伽利略的。他们先是对伽利略发出措辞严厉的警告，继而把他召到罗马进行审讯。1616年2月，宗教裁判所宣布，不许伽利略再宣传哥白尼的学说，无论是讲课或写作，都不得再把哥白尼学说说成是真理。

伽利略不会忘记，16年前布鲁诺就是被这些披着黑色道袍、道貌岸然的卫道士活活烧死的。他如果敢于反抗，下场绝不会比布鲁诺更好。

在教会的威胁下，伽利略被迫作了放弃哥白尼学说的声明。他怀着极其痛苦的心情回到佛罗伦萨，在沉默中度过了好些年。

但是伽利略的内心深处并没有放弃哥白尼学说，相反，继续不断的观测和深入研究，使他更加坚信哥白尼学说是正确的科学理论。在佛罗伦萨郊外的锡尼别墅里，伽利略过着与世隔绝的生活，他的身体状况大不如前，病魔在残酷地折磨他，但是他依然念念不忘宣传哥白尼的学说。经过长久的酝酿构思，用了差不多5年时间，一部伟大的著作《关于两种世界体系的对话》终于诞生了。

《关于两种世界体系的对话》表面上是以三个人对话的形式，客观地讨论托勒密的地心说与哥白尼的日心说，对谁是谁非进行没有偏见的探讨。这本书好不容易在1632年2月出版。细心的读者不难看出，这本书以充分的论据和大量无可争辩的事实，有力地批判了亚里士多德和托勒密的错误理论，科学地论证了哥白尼的日心说，宣告了地心说的彻底破产。

很快，教会嗅出了这本书包含的可怕思想，从字里行间流露出来的大胆结论使神学家们感到极大的恐慌。那些早就对伽利略心怀不满的学术骗子立即和教会勾结，罗织罪名，阴谋策划，为迫害伽利略大造舆论。

科学和神学不可调和的斗争爆发了。1632年8月，罗马宗教裁判所下令禁止这本书出售，并且组织专门委员会对这本书进行审查。伽利略预感到大祸临头，果然，到了10月，他接到了宗教裁判所命他去罗马接受审讯的一纸公文。[①]

---

① 参见蒋楚麟、赵得见主编《外国科学家》，第25—40页。

二、审判过程、结果

这时候的伽利略已是69岁的老人，病魔缠身，患有严重的白内障，行动不便，许多关心他的人到处为他说情，但是罗马教皇恼怒地说："除非证明他不能行动，否则在必要时就给他戴上手铐押来罗马！"

就这样，1633年初，伽利略抱病来到罗马。他一到罗马便失去自由，被关进宗教裁判所的牢狱，并且不准任何人和他接触。

人类历史上一次骇人听闻的迫害就这样开始了。在罗马宗教裁判所充满血腥和恐怖的法庭上，那些满脸杀机的教会法官们，用火刑威胁伽利略放弃自己的信仰。

年迈多病的伽利略绝望了，他知道，真理是不可能用暴力扑灭的。尽管他可以声明放弃哥白尼学说，但是宇宙天体之间的秩序是谁也无法更改的。

在审讯和刑罚的折磨下，伽利略被迫在法庭上当众表示忏悔，同意放弃哥白尼学说，并且在判决书上签了字。

"为了处分你这样严重而有害的错误与罪过，以及为了你今后更加审慎和给他人做个榜样和警告，"穿着黑袍的主审法官当众宣读了对伽利略的判决书，"我们宣布用公开的命令禁止《关于两种世界体系的对话》一书；判处暂时正式把你关入监狱内；根据我们的意见，以及使你得救的忏悔，在三年内每周读七首忏悔的圣歌……"

伽利略的晚年非常悲惨。这位开拓了人类的眼界、揭开了宇宙秘密的科学家，1637年由于白内障的恶化双目完全失明，陷入无边的黑暗之中。他唯一的亲人——小女儿赛丽斯特先他离开人间，这给他的打击是很大的。但即使这样，伽利略仍旧没有失去探索真理的勇气。1638年，他的《关于两门新科学的讨论》在朋友的帮助下得以在荷兰出版。这本书是伽利略对物理学长期研究的系统总结，也是现代物理学的第一部伟大著作。后来，宗教裁判所对他的监视有所放宽，他的几个学生，其中包括著名物理学家、大气压力的发现者托里拆利来到他的身边照料他，同时也向他请教。

1642年1月8日，78岁的伽利略停止了呼吸。他毕生捍卫的真理却与世长存。①

三、案件点评

"总之，我向现神圣法庭报告，普遍传闻说，上述伽利略提出了下列两个观点：地球也每天整整自转一周，太阳是静止不动的——我认为，这是同神父们解释的《圣经》的观点相矛盾，因而同要求把《圣经》中包含的一切内容看作真理的信仰相矛盾。"上述一番言词是当时一位多明我修士托马斯·卡奇尼在罗马的教皇宗教裁判所，作为告密者和证人的发言。据说，卡奇尼的告密，给罗马神圣法庭提供了难得的"弹药"（证据）。宗教裁判员向卡奇尼进行了详细的询问，以作为控告的力证。这也意味着一场凭借宗教信仰的权威围剿科学的闹剧再度开始了。②当然，我们也可以看到，即使是后人心目中臭名昭著的宗教裁判所，它在办案的过程中，也并非不讲求证据。

总体而言，伽利略的审判是宗教改革后的罗马天主教会余威犹存的一种反映。虽然，宗教改革使得西欧基督教再一次陷入巨大的分裂，罗马天主教会的影响力大为减小；但在意大利、法国等地，它依然拥有很强的势力。

伽利略最终之所以没有像之前的布鲁诺一样惨遭火刑，原因可能在于他自我保护的策略或者说他对教会的妥协。

四、知识点、重难点

作为一个不断扩大的宗教组织，基督教会内部不乏种种困扰，其中之一就是所谓"异端"的问题，即在信仰方面不可避免地会出现的歧异抑或分歧。由

---

① 参见蒋楚麟、赵得见主编《外国科学家》，第25—40页。
② 参见董进泉《黑暗与愚昧的守护神》，第331—332页。

于缺乏其他一些宗教可能具有的多元与宽容等精神，几乎从基督教诞生不久，教会内部对"异端"问题就展开了一系列的争议和斗争。这种对于"异端"的不宽容和打压，一直延续到欧洲中世纪，甚至在20世纪后期的意大利还存在。[1] 为了有效地打击异端，宗教裁判所还建立起一套严密的制度，包括遍布在各个天主教国家的法官（教皇任命只服从于教皇的宗教裁判员，主要来自多明我会、方济各会以及其他修会，甚至还有不担任教职的人）以及告发、侦讯、审问、刑罚、判决（向来以严厉著称，分为"轻的"、"侮辱性的"、通常的监禁、严格的监禁、当划船的苦役、开除教籍，甚至交由世俗统治者处以火刑。而且，不论犯人判什么罪，几乎都会遭到鞭笞和没收财产的惩罚）。[2]

就意大利来说，为了反对宗教改革，罗马教会一方面实行禁书制度，另一方面则加强了宗教裁判所的活动。16世纪时，教皇设立了教廷宗教裁判所。一些教皇，诸如保罗四世、庇护五世，在就任教皇前都曾担任过教廷宗教裁判所大法官。正是在他们的推动下，意大利的宗教裁判所力量大大加强。1542年，保罗三世任命卡拉发（即后来的保罗四世）和五名枢机主教重组宗教裁判所，在意大利建立宗教裁判所总部并设立监狱，残酷地处置异端分子。[3] 在欧洲所有的宗教裁判所中，教廷宗教裁判所一直存续到现代，直到1965年才由教皇保罗六世改组为信理部。[4]

伽利略是17世纪意大利著名的科学家，其在物理学的许多领域均表现出了杰出的创新精神，为近代经典力学的发展打下了坚实的基础，著名的"比萨斜塔实验"更是为人们津津乐道。他的科学成就尤其是对于哥白尼日心说的信奉，引起教会的惊恐和不安。最后，慑于教会的压力，伽利略被迫放弃了自己的主张，才免于悲惨的命运。对于伽利略的审判，体现了西方宗教对于科学的围剿

---

[1] 例如，生活在13世纪的基督教著名思想家托马斯·阿奎那在其著作中即有一段关于"异端"的言论："另外还有一些异教徒，他们曾经相信基督教并表示过他们的信仰，例如异端分子和一切的背教者，对于这种人就应当施加压力，甚至在身体上给予拘束，强迫他们履行自己曾经答应承担的义务并遵守他们曾经表示愿意永远遵守的教律。"参见《阿奎那政治著作选》，马清槐译，商务印书馆，1963，第131页。

[2] 参见董进泉《黑暗与愚昧的守护神》，第83—123页。

[3] 参见王美秀等《基督教史》，江苏人民出版社，2006，第210页。

[4] 参见董进泉《黑暗与愚昧的守护神》，第302页。

或迫害。① 由于宗教裁判所的迫害，意大利自文艺复兴以来的自然科学与人文社会科学的繁荣局面一度陷入停滞。②

此外，宗教裁判所对于当时及其后一段时间的西欧法律也不无影响。特别是在诉讼法领域，纠问式诉讼对于欧洲大陆各国刑事诉讼法的影响更为明显。因此，在回顾17世纪30年代的这起针对伽利略的审判时，我们或许更能理解近代以来西方社会的宗教信仰自由以及政教分离的意义。

五、思考题

（1）如何理解西方社会的基督教对于异端的严厉惩罚？
（2）谈谈你对于宗教信仰自由的理解。

---

① 参见姚介厚、李鹏程、杨深《西欧文明》(上)，中国社会科学出版社，2002，第490—491页。
② 关于意大利文艺复兴时期的巨大成就及其对当时社会的多方面的影响等，可参见［瑞士］雅各布·布克哈特《意大利文艺复兴时期的文化》，何新译，马香雪校，商务印书馆，1979。

第四章 查理一世之审判：君主权威的衰落

(英国，1649 年)

一、案件由来

查理一世是詹姆斯一世的次子，1612年其兄威尔士亲王亨利去世后成为王储。1625年，即位为不列颠国王，称查理一世，并与法国国王路易十三的妹妹亨利埃塔·玛利亚公主结婚。1625年6月，召开第一次议会。议会对其宠臣白金汉公爵的专权和西班牙战争的失利不满，拒绝给国王征收关税的特权，议会与国王形成了对立。1626年2月，召开第二次议会。议会因西班牙战争失利弹劾白金汉公爵，被其拒绝。6月，解散议会。在此期间，查理未经议会同意而任意征税，军队也随意进驻民房，民怨四起。议会遂于1628年拟定了《权利请愿书》，要求国王改善，查理为求议会同意征税而签字。1629年，查理违反请愿书的规定，并且派人拘捕议会中言行激进的议员，然后解散议会，之后的11年间，未再召开过议会，被称为"十一年暴政"。1640年4月，为解决对苏格兰战争的军费问题而召集的议会，旋即因为议员们拒绝重开战端而被解散，称为"短期议会"。11月，再次召集议会，即"长期议会"，但仍然拒绝与议会合作。由于议会强行逮捕了国王宠臣斯特拉福德伯爵并策划控制应由国王控制的军队，查理一世以叛国罪逮捕5名议员，并亲率卫队到议会抓人，未果。这次事件标志着国王与议会的决裂，成为英国内战的导火索。查理一世到议会抓人的消息激怒了伦敦市民，伦敦市民控制了伦敦，国王被迫于1642年1月10日北逃约克，并集结保王力量。6月，拒绝了议员的19条建议；8月22日，王党在诺丁汉竖起王旗，内战爆发。1644年，由于苏格兰人参战，进攻国王军，查理被迫放弃进攻伦敦。1645年6月14日，以费尔法克斯爵士和克伦威尔为正副司令的模范军在纳斯比战役中战胜国王军。1646年春，议会军围困牛津，国王军投降，查理一世化装逃脱，第一次内战结束。5月5日，查理被苏格兰誓约派出卖给议会，后逃脱，并在苏格兰人的支持下发动第二次内战。1648年，苏格兰军被议会军击败，第二次内战结束，查理一世被俘。王后逃亡法国寻求援助，遭到执政的法国首相马萨林枢机主教的冷落。1649年1月，特别法庭开始审判查理一世。27日，135名特别法庭成员中59人签署了由克伦威尔下达的处死国王的命令。30日，查理一世在白厅宴会厅前被送上断头台，成为英国历史上唯一一位被处死的国王。①

二、审判过程、结果

1645年6月14日，议会军和国王军在英格兰中部的纳斯比村附近展开了决战。克伦威尔的"铁骑军"以迅雷不及掩耳之势冲破了国王军阵地。查理一世还没有回过神来，国王军就已溃散，四处奔逃。查理一世见势不好，急忙化装，逃到了苏格兰。国王军全军覆没。

1647年2月，英格兰议会以40万英镑的高价，把查理一世买了回来，囚禁在荷思比城堡中。

1648年2月，查理一世逃了出来，勾结苏格兰人，在许多地方发动武装叛乱，挑起第二次内战。这年8月，克伦威尔击溃了国王军，9月，占领了苏格兰首都爱丁堡，再次抓获查理一世，第二次内战结束。

议会组织了一个高等法庭，对查理一世进行审判。最后，法庭宣布查理一世是"暴君、叛徒、杀人犯和人民公敌"，判处其死刑。处死国王查理一世后，议会通过决议，宣布废除"危险而又无用的上院"（因为其仅有的十几名议员否决下议院审判国王的决议），英格兰宣布为共和国。②

三、案件点评

1603年，詹姆斯一世从苏格兰入主英国，从此开始了斯图亚特王朝在英国

---

① 参见［英］杰弗里·罗伯逊《弑君者：把查理一世送上断头台的人》，徐璇译，新星出版社，2009。关于英国革命及对于查理一世的审判，另可参见［法］F.基佐《一六四〇年英国革命史》，伍光建译，靳文翰、陈仁炳校，商务印书馆，1985。

② 参见阎照祥《英国史》，人民出版社，2003，第184—192页。

的统治。①

詹姆斯一世的继位者本应为其长子亨利。不幸的是，这位被寄予很大希望的青年才俊18岁时即离世。所以，1625年，詹姆斯一世去世后，王位继承人为其次子查理，此即后来我们熟知的查理一世。英国学者的研究表明，这位年轻的国王一度走不出其兄留下的阴影，几年后，姐姐玛丽又远嫁巴拉丁选帝侯。因此，查理一世的口吃、冷酷、不苟言笑的举止，不无童年留下的烙印。②

导致查理一世最终走上不归路的主要原因还是其与英国议会的冲突。

通常认为，英国议会产生于13世纪后期，其产生的标志就是当时的英王亨利三世的妹夫、来自法国的贵族西蒙·德·孟福尔男爵于1258年武装闯宫，迫使亨利同意召开会议，签订限制王权的"牛津条例"。根据牛津条例，国家权力由贵族操控的十五人委员会掌握。英文"Parliament"一词出自拉丁语"parliamentum"、法语"parler"，意为"商议"或"谈话"，据称出现在1081年或更早，后在英语中，表示议会。1265年1月，为寻求平民支持，西蒙·德·孟福尔男爵在伦敦召开议会，除部分贵族和各郡骑士代表外，还邀请各市选派两名市民代表参加，某些学者认为这标志着英国议会的产生。英王爱德华一世统治期间（1272—1307），一共召开议会52次，会址多在威斯敏斯特。概言之，英国议会创建于13世纪，迄今已有700多年的历史，被称为"议会之母"。③

查理一世与议会之间的主要矛盾有两个：税收的增加以及议会的权利。查理增税主要是为战争筹款。查理娶了信奉天主教的法国公主亨利埃塔·玛利亚为妻，这引起新教徒占主导的议会对他的不满；他即位后，对法国、西班牙宣战，筹集了共计24万英镑的强制贷款，并将不愿意出资者关进监狱。为此，议会在1628年起草了一份《权利请愿书》，强调民众自古以来拥有的权利，坚称

---

① 由于伊丽莎白一世没有继承人，身为亨利七世玄孙的苏格兰国王詹姆斯六世便即位为英格兰国王，史称詹姆斯一世（1603—1625年在位）。入主英国之前，他已有统治苏格兰20年的经历。他是达恩利勋爵（Lord Darnley）和苏格兰女王玛丽的儿子，但受其父死于暗杀、其母被处决的影响，他一生都对暗杀疑神疑鬼，过于警觉。此外，他是一位坚定的君权神授者。在位期间，他与英国议会的关系较为紧张，在1610—1621年间，再也没有召开过议会。所幸的是，一直到1625年去世，他的统治还算比较平稳。参见克里斯托弗·丹尼尔《周末读完英国史》，侯艳、劳佳译，上海交通大学出版社，2009，第126—131页。

② 参见克里斯托弗·丹尼尔《周末读完英国史》，第131页。

③ 参见阎照祥《英国史》，第86—90页。

任何人都不能在未经审判的情况下被迫入狱,查理极不情愿地签署了这份请愿书。

由于与议会的矛盾,查理在1629—1640年间开始了一段所谓的"无议会统治",也称"十一年暴政"或"个人统治"。或许,查理一世的统治可以一直延续下去。但是,最终导致他陷入内战并身首异处的主要原因还是宗教问题的处置不当。也就是说,当查理和大主教罗得做出强制推行统一苏格兰宗教的尝试后,事态急转直下。1637年,查理和罗得开始向苏格兰推广英格兰祈祷书,对苏格兰人的抗议置若罔闻,由此激起对方的强烈反抗。双方兵戎相见,最终达成协议,以查理每天赔偿苏格兰人850英镑的损失结束争端。这样一来,查理陷入财政困境。[①]后来的情况就是我们十分熟悉的英国内战。

在当时的形势下,以奥利弗·克伦威尔等人为首的军队首领认识到,不杀掉查理一世,则英国内战永无停息。但是,要处死国王毕竟不是一件小事。这时,议会中的不少人退缩了,最终只剩下一个"残余"议会。而且,有一半的法官都基于"法庭不可审判国王"的观点而拒绝审判查理。然而最终,如我们所知,查理一世还是被送上了断头台。[②]

四、知识点、重难点

17世纪的英国革命在英国乃至世界历史上都是一次意义非凡的重大历史事件,其所引发的关注和研究等也是汗牛充栋。查理一世被送上断头台,是英国历史上第一次国王受到臣民的审判并被处以死刑,史无前例。

审判查理一世的困难在于:无论是作为阶下囚的国王还是作为审判者一方,均对国王是否可以接受世俗权威的审判存有疑虑。就查理而言,他不承认或接受"尘世间任何高级权威的审判"。而在胜利者一边,除了前述"残余"议会,130多名法官中,只有68位参与了在威斯敏斯特宫对国王的审判;最后,包括

[①] 参见克里斯托弗·丹尼尔《周末读完英国史》,第133—142页。
[②] 参见克里斯托弗·丹尼尔《周末读完英国史》,第141页。

奥利弗·克伦威尔在内，总共只有59名法官愿意签署对国王的判决书。这些人中的一部分，后来遭到复辟的查理二世等人的疯狂报复。而且，这种对于国王权威和神圣的敬畏一直延续到光荣革命时期——据说，即使詹姆斯二世（查理一世次子）已经被软禁，获胜的一方也只是寄希望于他的长女玛丽以及丈夫荷兰执政威廉。因为，"没有人期望第二次内战，也没有人胆敢再处死一位国王"。所以，詹姆斯二世的出逃实际上是有些人故意放纵的结果。①

但是，不管怎么说，君主的权威抑或神圣性在查理一世的有生之年还是无可奈何地衰落了。当时担任主要起诉人角色的副总检察长约翰·库克的指控从一个基本命题开始：英国的国王不是一个"人"，而是一个"根据国家的法律"受到委托的有一定权力限制的官员。这就表明，拥有无上权力的暴君查理一世可以是犯罪主体，因为他发动了对议会的战争，想要摧毁他本应保护的人民的自由和生活。查理一世应对其在1642年发动的战争给英国人民带来的重大伤亡负责，库克使用了现代战争法庭上所称的"指挥官责任"（command responsibility）的条款来证明这一点：

> 查理·斯图亚特一手制造并推动了上述血腥残酷、天理难容的战争，在过去是这样，现在亦然。他必须对这些战争中发生的所有叛国行为、烧杀抢掠以及其他一切对本国造成的破坏和损失承担责任。②

查理一世或许能够像他的父亲詹姆斯一世一样顺利完成王位的平稳过渡。但遗憾的是，因为在宗教这一当时十分敏感的问题上处置不当，以及由此给自己带来的难以摆脱的麻烦，他终于陷入财政困境，故而转向议会。然而此时的议会中，"清教徒已在下院拥有了较大的影响力，由于他们不喜欢国王，因此他们从未打算容忍查理的专制行为"③。因此，可以说，宗教问题就是英国革命以及审判查理一世的导火索。

---

① 参见［英］布伦达·拉尔夫·刘易斯《君主制的历史》，荣予、方力维译，生活·读书·新知三联书店，2007，第133—140页。
②［英］杰弗里·罗伯逊：《弑君者》，第7页。
③［英］布伦达·拉尔夫·刘易斯：《君主制的历史》，第131页。

五、思考题

（1）试分析审判查理一世的困难之所在。

（2）宗教问题和财政问题是引发英国革命以及查理一世失败并受审的根本原因吗？为什么？

（3）假设查理一世打败议会中的反对派并对他们进行审判，他最可能给对方安的罪名是什么？

（4）查理一世有可能逃脱死刑吗？试分析说明。

第五章　路易十六之审判：法国大革命风云

(法国，1792 年)

一、案件由来

路易十六（1754—1793），1765年其父死，他被立为王储。1774年5月10日，在他不满20岁时，祖父路易十五去世，他登上法国国王王位。① 路易十六在1770年与奥地利公主玛丽·安托瓦内特结婚，这是法奥两国谅解和结盟的象征。但是，这位王后性格轻浮，办事草率，生活奢侈到近乎疯狂的地步，在纸牌赌博中一夜可以输掉几万甚至几十万里佛尔，因此被称为"赤字夫人"。革命前的法国，专制制度陷入严重危机，宫廷大臣互相争权，社会矛盾尖锐，国库空虚，债台高筑。王后曾先后任用杜尔哥、内克、卡隆、布里埃纳等人实行财政改革，但收效不大。② 国内有学者认为，路易十六以王权治国，支持大臣们进行一系列改革，但遭到特权阶层的反对，因此未能产生良好效果。③

1789年5月，王室政府被迫召开中止175年之久的三级会议。因顽固维护教士、贵族的封建特权，其与第三等级形成严重对立。7月11日，路易十六解除受第三等级拥护的改革派财政总监内克的职务，并暗中调集军队，企图驱散制宪议会，终于激起7月14日巴黎人民起义。

1789年7月14日法国大革命爆发后，王后玛丽·安托瓦内特和王室亲信多次劝说路易十六逃往外省避难。路易起先拒绝离开，想等待革命自行灭亡。但局势的发展使他改变了主意。

1789年10月6日，若干巴黎妇女和数千名国民卫队士兵闯入凡尔赛宫，要求国王迁入巴黎居住。他们与卫兵发生小规模冲突，几名卫兵被杀死。当晚路易十六一家被迫搬入巴黎杜伊勒里宫，行动自由受到了极大限制。拉法耶特侯爵和米拉波都劝说路易十六采取妥协立场，推行君主立宪制。路易在公开场合多次表示支持制宪会议，顺从地签署了大部分法令。

---

① 参见陈文海《法国史》，人民出版社，2004，第212—217页。
② 关于玛丽·安托瓦内特（或译安托内特），可参见［奥］斯蒂芬·茨威格《悲情王后》，黄敬甫、黄海津、黄树略译，花城出版社，2003。
③ 参见郭华榕《法国政治制度史》，人民出版社，2005年，第62页。

国内有学者认为，自1789年10月初王室被迫回到巴黎之后大约两年的时间里，法国进入一个相对平静的时期，以立宪君主派为主导的制宪会议在国家体制和社会制度的改造方面取得了一些富有建设性的成果。但是，1791年6月20日深夜王室出逃的不明智举动将路易十六等人最终逼上不归路。1792年8月9日深夜至8月10日清晨，在激进左派的组织下，巴黎人民起义。立法会议和起义后产生的巴黎公社（注：不同于1871年的巴黎公社）决定将国王全家暂扣在巴黎东北郊的丹普尔堡。1792年12月，作为立法机构的国民公会充当特别法庭的角色，开始对路易十六进行审判。①

1792年9月21日至1795年10月26日，法国进入国民公会统治时期。②

二、审判过程、结果

国民公会是在审判路易时设立的一个统治机构。1792年12月11日，国民公会传唤了路易十六，国王在审判室听取起诉人对他的指控。在多项叛国罪的指控中，包括他三次下令向人民开火。革命当局还指控路易完全控制着咖啡和糖的贸易，并宣称他曾试图用金钱收买法国人民，路易的辩解是他只是在施舍穷人。

国民公会下令将路易带回丹普尔堡，单独囚禁以等待审判。他的辩护律师只有不到两周的时间来做准备。他们建议路易挑战既是法官又是陪审团的国民公会的权威。但是，路易决定先驳斥强加给他的指控。他认为，作为法国的合法统治者，他并未触犯法律。

国民公会中的许多激进分子坚持认为根本就不用对路易加以审讯，只要判决就够了。他们中的一位领导人马克西米连·罗伯斯庇尔认为审讯已经进行了：（1792年）8月10日的武装起义已经审判了国王的罪行。但是，国民公会还是决

---

① 参见陈文海《法国史》，第231—245页。
② 参见陈文海《法国史》，第220—242页。

定对国王进行审判。①

对路易十六的审判开始于1792年12月26日早上。国王的一位律师认为，国王不是一位独裁者，而只是形势的受害者。法庭上的路易发言简洁，使人感觉到他平静中的尊严。路易提到他曾努力与革命党人妥协的情形，并强烈否认自己曾害死过任何一个法国人。

但是，法庭已经做出决定。当国民公会在1793年1月15日重新聚会时，所有在场的693名代表都一致认定国王有罪，但他们并未对判决达成共识。在1月16—17日的整个晚上进行了一场唱名表决，每位代表都念出自己的选票，也有一些人做了演讲。最后，在赞成与反对的票数非常接近的情况下，代表们通过了死刑判决。随后有几个人呼吁缓刑。美国革命家托马斯·潘恩通过一个翻译提议路易去美国，在那里，他可以在新大陆纯洁的政治氛围中变成新人。

然而，国民公会还是在1793年1月20日核准了死刑。当天晚上，看守人第一次允许路易与他的家人见面。玛丽·安托瓦内特和孩子们并不知晓审判结果，但是，路易告诉了他们实情。

1793年1月21日，路易早起，听弥撒曲，早上八点，卫兵来接他。他与一支1200名士兵的卫队一起离开丹普尔堡走向革命广场，这段路程花费了两个小时。大约早上十点，路易登上断头台。

一大群人围观，路易对人群宣称他是无辜的。但是，作为行刑号令的鼓声压倒了他的话声。一个人将国王的断头从接头筐中扯出，高举给人群看。②

三、案件点评

法国大革命及其在法国乃至世界历史上的地位，一直是一个争论不休、分歧严重的话题。抨击者所持的是无情抨击、彻底否定的态度，赞同者则是热情讴歌、全面肯定。这两派观点比较典型的代表是柏克和潘恩。大革命爆发后不

---

① 参见［美］托马斯·帕克主编《开庭：改变人类进程的115件世纪大案》，刘璐、张华伟等译，海潮出版社，2000，第669—670页。

② 参见［美］托马斯·帕克主编《开庭》，第669—671页。

久，英国政治家埃德蒙·柏克在1790年出版的《法国革命随想录》中谴责这场兴起不久的革命。紧接着，1791年，另一位英国思想家托马斯·潘恩（后入美国籍）则出版专著《人权》，对柏克的观点予以反击。而且，潘恩还直接参加到法国革命之中。在大革命的风暴业已成为历史遗迹的19世纪，法国著名思想家托克维尔（1805—1859）以及丹纳（1828—1893）等人还在为这场法国革命感到悲哀。英国作家卡莱尔（1795—1881）和狄更斯（1812—1870）等人则将这场革命视为血腥无比的闹剧。① 与此不同的是，一大批学者则是法国大革命的坚定捍卫者。到了20世纪中后期，对于这场大革命的否定特别是对于大革命的"革命"方式的否定逐渐占据主导地位。② 国内有学者认为，法兰西素以"政治民族"著称，又热情奔放，富于幻想。而在革命的动荡年代，这种以充满激情和幻想的方式表现出来的政治参与意识，就展现得尤为充分。

法国大革命中路易十六的审判以及路易十六的被处死，就是这场政治运动中引人瞩目的重大事件，给我们诸多的信息，发人思考。

首先，路易十六是否为一个暴君并应当被处死，就是一个颇有争议的问题。按照我国一些学者的观点，路易算不上是一个暴君，只不过是一个生性怯弱、缺乏作为统治者应有的果断精神和坚强意志的人。在当时颇为动荡的局势面前，他不是左右局势，而是时常被局势所左右。面对民众的骚动乃至革命，他的常规做法就是"让步"。当然，在某些情况下，他也会表现出乖戾、专断的作风，而这一点与其怯弱的性格并不矛盾。③ 所以，路易十六是一个不能够掌控复杂局势的君主，而法国在他统治之前实际上已经陷入了一种深重的政治、经济危机之中，需要一位精明强干、审时度势的强力人物来主政。显然，路易十六绝非合适的人选。

当然，路易十六并非一位完全碌碌无为的君主。面对颓势，尤其是经济问题，他也做出了一些努力。例如，他曾一度起用重农学派的著名学者、具有丰

---

① 例如，狄更斯的长篇小说《双城记》就反映了大革命时期的法国的一些人和事，体现了作者的人道主义和改良主义的政治倾向以及缓和对立双方的意图。关于托克维尔的相关观点，可参见［法］托克维尔《旧制度与大革命》，冯棠译，桂裕芳、张芝联校，商务印书馆，1992年。

② 参见陈文海《法国史》，第218—219页。

③ 参见陈文海《法国史》，第212页。

富的地方行政管理经验的杜尔哥进行经济改革。但是,改革触及一些既得利益者的利益而招致强烈的反对,缺乏毅力的路易十六最终选择退让,并解除了杜尔哥财政大臣的职务。对于这一"黄金时代"的速生速灭,伏尔泰曾悲痛地表示:"我的心永远也不能平静。"①

总之,自路易十六登基后到1789年法国大革命爆发的大约15年间,法国社会可谓矛盾重重、危机四伏:财政危机、政府体系、反对者、公共舆论、短暂的改革及其失败、贵族、资产阶级、经济危机、三级会议、巴黎民众、农民等等,各种力量及其博弈、对抗、联盟、分化,构成了当时的法国的杂乱的交响曲。②到了1789年7月14日巴士底狱被攻占,路易十六的统治实际上已经被画上了休止符。

路易十六后来选择出逃的部分原因在于他的不适应和不满,但也为自己悲剧性的结局埋下了一颗巨大的定时炸弹,留下了遭人攻击的口实,而他在出逃途中不明智的抛头露面则是使他沦为阶下囚的直接原因。

今天看来,国民公会针对路易十六的审判几乎是一场闹剧。虽然,在审判中,路易的身边不乏辩护律师,但一个既承担公诉又承担审判职能的国民公会是很难给予路易公正的审判的。但是,与后来的许多不经审判即被处死的法国贵族、"反革命分子"以及曾引领革命的领袖诸如罗兰夫人、丹东等人相比,路易无疑还是幸运的,毕竟他在形式上还是受到了审判,还有律师为他辩护,尽管这种所谓的审判的合法性和公正性均值得怀疑。

革命的过程,自然谈不上宽容或宽大为怀。即便是那位雅各宾派的领袖马克西米连·罗伯斯庇尔,在大革命初期的1789—1791年间,还曾主张从法国的法律中删除杀人的条款,废除死刑。但是到了1792年底,审判路易十六的时候,他却一改先前废除死刑的主张,坚决要求国民公会立即审判国王,并处以死刑。看看他在《关于审判路易十六的意见》以及《关于审判路易十六的第二次演说》中的言辞,我们就不难发现他的态度和立场发生了多么大的变化。③或

---

① 参见陈文海《法国史》,第212—213页。
② 参见[英]威廉·多伊尔《法国大革命的起源》,张弛译,上海人民出版社,2009。
③ 参见[法]罗伯斯比尔《革命法制和审判》,赵涵舆译,王之相、王增润、立知校,商务印书馆,1965。

许罗伯斯庇尔发表上述意见和演说的时候,法国处于内忧外患之中,形势的变迁使得激进派不得已采取非常或曰恐怖的手段。

按照今天多数人的想象,如果依照那位身为法国荣誉公民的托马斯·潘恩的建议,将被审判后的路易十六流放到北美,应当是一个颇为人道的、不错的选择。可惜的是,潘恩的建议不仅没有被采纳,而且,他在这件事之后不久,因为与罗伯斯庇尔及雅各宾派的政见不合而下狱。若非当时的美国驻法大使门罗的积极干预,这位法国革命先前的拥趸很有可能也会被这场非理性的革命所埋葬。

因此,我们可以更好地理解被雅各宾派送上断头台的吉伦特派领导人罗兰夫人临死前的感慨:"自由,多少罪名借汝之名以行!"

四、知识点、重难点

法国大革命距今已200多年。回过头来看这场异乎寻常的革命以及革命带来的种种出乎常人想象的后果,作为后人,我们常常会迷惑不解。当然,以当时人的眼光来看,或许他们希望的是一个皆已变的美好世界立即降临。因为是革命,所以,流血牺牲等等均在所不惜;因为是革命,所以,暴力、冲突等等也在所难免;因为是革命,所以,"路易应该死,因为祖国需要生"[1]。

法国在中世纪是一个较为典型的封建专制国家,但就在它的内部,逐渐孕育出力量日渐壮大的第三等级,这一等级在17世纪后期不再满足于自身在这个国家的地位和权利。而法国君主的权威,在"太阳王"路易十四(1643—1715年在位)统治的后期,便开始走下坡路。至于那位曾留给后世一句名言"我死后,哪怕洪水滔天"的路易十五,留给其长孙路易十六的是一个难以收拾的烂摊子。一切情况都表明,君主为所欲为的时代已经过去了。国内有学者的研究

---

[1] 参见楼均信主编《法兰西第一至第五共和国论文集》,东方出版社,1994,第27页。上述这句话是雅各宾派领袖罗伯斯庇尔的名言。这种逻辑不清的表述,除了显示出罗伯斯庇尔本人的革命观外,或许也是在当时群情激愤或群情汹汹的局势面前,他的一种不由自主或身不由己的思想的表露。

表明，法国绝对君主制的衰落抑或转折大约可以从1700年开始。①

关于法国革命最终爆发的原因已有众多学者进行了颇为深入、细致的研究，在此不再赘述。路易十六的审判以及被处死，则是本章关注的重点。以现代人的理解，这无疑是一次缺乏公正性、合法性的审判。自然，也缺乏基本的事实或证据。

此外，不得不提的是，在路易十六被处死后不久，革命法庭对王后玛丽·安特瓦内特的审判。审判的结果是，这位奥地利前公主、法国王后因为与奥地利勾结和"阴谋引发一场法国内战"而被处死。②

颇具讽刺意味的是，大革命之后的法国并没有完全抛弃君主制。在大革命中迅速崛起的拿破仑在结束革命后不久称帝；拿破仑倒台后，有一段路易十六的弟弟路易十八的短暂复辟期；之后，接替路易十八的是来自奥尔良的"七月王朝"；1848年欧洲革命之后不久，又是路易·波拿巴的第二帝国；一直到巴黎公社之后，还有人难以抗拒君主制的吸引。如果说有什么不同，那就是无论是来自国外的威胁和打击，还是源自国内的革命，19世纪的法国君主们几乎无一例外地逃脱了路易十六那种被审判并身首异处的悲惨结局。

五、思考题

（1）你认为法国对于路易十六及其王后的审判是公正的吗？为什么？

（2）请你结合本案，谈谈废除死刑的意义。

（3）你认为查理一世与路易十六相比，谁更像暴君？为什么？

---

① 参见郭华榕《法国政治制度史》，第49页。
② "她被断头处决，尸体被葬入一座无名墓。"参见［美］托马斯·帕克主编《开庭》，第672—674页。

第六章 马布里诉麦迪逊案：司法审查权的诞生

(美国，1803 年)

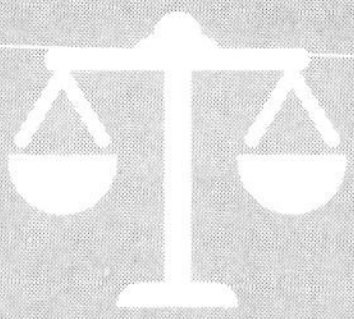

一、案件由来

1800年的美国大选中,第二任总统约翰·亚当斯(John Adams)败给了托马斯·杰斐逊(Thomas Jefferson);亚当斯代表的是联邦党,杰斐逊代表的是民主共和党。当时,两党政见相左,派系斗争相当激烈。①

联邦党虽然在总统大选中败北,但为了日后能够卷土重来,便利用宪法赋予总统的任命联邦法官的权力,极力争取控制不受选举直接影响的联邦司法部门,借以维持联邦党人在美国政治生活中的地位和影响。

亚当斯在卸任之前,行使了自己的司法提名权,让尽可能多的联邦党人坐上法官之位——就在新总统上任的三星期前,联邦党控制的参议院通过法案,新增42个法官名额,威廉·马布里(William Marbury)是其中之一。②亚当斯命令时任国务卿的约翰·马歇尔(John Marshall)来完成这些任命,但是马歇尔尚

---

① 联邦党(Federalist Party或Federal Party)是1792年到1816年期间存在的一个美国政党。由美国首任财政部长亚历山大·汉密尔顿(Alexander Hamilton)创立。联邦党是美国在1801年之前的执政党,主张增强联邦政府的权力。主要的支持者来自新英格兰和南方一些较富有的农民。其竞争对手为民主共和党。联邦党是后来辉格党和共和党的前身。民主共和党(Democratic-Republican Party)是美国建国早期的一个政党。由托马斯·杰斐逊(Thomas Jefferson)和詹姆斯·麦迪逊(James Madison)在1790年代创建。与联邦党相比,民主共和党更强调各州的权力,并且重视自耕农的权益,反对君主主义。主要支持地区是西部和南部。民主共和党可被视为今日美国两大党派中民主党的前身。参见[美]J.布卢姆等《美国的历程》(上册),杨国标、张儒林译,商务印书馆,1988,第241—262页。

② 1801年1月20日,亚当斯任命国务卿马歇尔出任最高法院首席大法官。参议院批准后,马歇尔于2月4日正式到职赴任,但他仍然代理国务卿职务,只是不领国务卿的薪俸。这种状况,一直持续到1801年3月3日亚当斯总统任期届满为止。接着,趁新总统上台和新国会召开之前,国会中的联邦党人于1801年2月13日通过了《1801年司法条例》(The Judiciary Act of 1801),该条例将最高法院大法官的法定人数从六名减为五名,以防止出现判决僵持的局面。但实际上,由于这项规定将从任何一位现职大法官退休或病故后,才开始正式生效,所以其目的之一显然是想减少杰斐逊总统提名民主共和党人出任大法官的机会。同时,它还将联邦巡回法院由根据《1789年司法条例》(The Judiciary Act of 1789)规定的三个增至六个,由此增加了16个联邦巡回法官的职位。这样,即将下台的"跛鸭总统"亚当斯在卸任之前,可以借机安插更多的联邦党人进入联邦司法部门。两个星期之后,联邦党人控制的国会又通过了《哥伦比亚特区组织法》(The Organic Act for the District of Columbia),正式建立首都华盛顿特区市,并授权亚当斯总统任命特区内42名治安法官(Justice of the Peace),任期5年。1801年3月2日,亚当斯总统提名清一色的联邦党人出任治安法官。第二天,即亚当斯总统卸任的当天夜里,即将换届的参议院匆匆忙忙地批准了这项任命。后人把这批法官挖苦为"午夜法官"(midnight judges)。参见任东来、陈伟、白雪峰等《美国宪政历程:影响美国的25个司法大案》,中国法制出版社,2004,第29—30页。

未完成任命，托马斯·杰斐逊就入主了白宫①。

杰斐逊对这些尚未发出去的任命状毫不理会，并命令新上任的国务卿詹姆斯·麦迪逊（James Madison）②不要发那些没有发出去的任命状。于是就有了"马布里诉麦迪逊"这一著名案例。

按照规定，所有治安法官的委任状应由总统签署、国务院盖印之后送出，才能正式生效。当时正是新旧总统交接之际，马歇尔一面要向新国务卿交接，一面又要准备以首席大法官的身份主持新总统的宣誓就职仪式。结果，由于忙乱和疏忽，竟然有一些治安法官的委任状（17份）未能在他卸任之前及时送出，最后被扣押的4份中就包括马布里的。

马布里虽然身为富商，但对治安法官这个职位却情有独钟。③于是，马布里拉上另外三位没有拿到委任状的人士，聘请曾任亚当斯总统内阁总检察长（Attorney General）的查尔斯·李（Charles Lee）为律师，将新任国务卿麦迪逊告到了最高法院。他们要求最高法院下达执行令，命令麦迪逊按法律程序交出委任状。控方律师起诉的根据是《1789年司法条例》第13款d条中的规定：联邦最高法院在法律原则和惯例保证的案件中，有权向任何在合众国的权威下被任命的法庭或公职官员（persons holding office）下达执行令状。美国历史上的这一著名案件由此拉开序幕。④

---

① 白宫（White House）是美国总统的官邸和办公室，常代指美国政府，譬如"白宫宣布，英国首相访问美国"。

② 约翰·亚当斯（John Adams，1735—1826），美国第一任副总统（1789—1797）、第二任总统（1797—1801），美国开国元勋之一，与乔治·华盛顿、本杰明·富兰克林等人齐名。托马斯·杰斐逊（Thomas Jefferson，1743—1826），《独立宣言》主要起草人，美国第三任总统（1801—1809）。詹姆斯·麦迪逊（James Madison，1751—1836），美国第二任国务卿（1801—1809），第四任总统（1809—1817），参加过北美独立战争、美国制宪会议，他是《联邦党人文集》三作者之一。

③ 当代美国学者的研究显示，马布里和其他三位由于约翰·马歇尔的疏忽没有拿到委任状的人士均为富商。其中，威廉·马布里和汤森·胡同为华盛顿特区的不动产投机者。而治安法官一职既没有什么油水，也没有什么太高的荣誉。参见 John W. Johnson（ed.），*Historic U.S.Court Cases, 1690—1990: An Encyclopedia*（Garland Publishing，1992），p.65。治安法官（magistrate）产生于英国，后传入美国，属于基层的司法官员。参见薛波主编《元照英美法词典》，法律出版社，2003，第879页。

④ 参见任东来、陈伟、白雪峰等《美国宪政历程》，第29—30页。

二、审判过程、结果

麦迪逊对于案件的应对策略是：请杰斐逊总统内阁的总检察长莱维·林肯（Levi Lincoln）出任自己的辩护律师。这位林肯先生接了案子以后，只是写了一份书面争辩送交最高法院，声称马布里诉麦迪逊案是一个涉及党派权力斗争的政治问题，最高法院用不着管这种根本就扯不清楚的党派斗争。

接到原告方律师的起诉状和辩方律师寄来的书面争辩后，马歇尔大法官以最高法院的名义致函国务卿麦迪逊，要求他解释扣押委任状的原因。但是，麦迪逊对马歇尔的信函根本就不予理睬。在当时的法律和历史环境下，麦迪逊这种行为似乎较为寻常，因为联邦最高法院在马歇尔法院初期实在是一个缺乏权威的司法机构。[①]这一点，似乎可以从其当时的办公条件表现出来。[②]

马布里诉麦迪逊一案，实际上使马歇尔陷入了一种左右为难的境地。如果他说服其大法官同僚做出有利于马布里的判决，几乎可以肯定的是，新任总统杰斐逊及其国务卿麦迪逊会置之不理，这样无疑会进一步削弱最高法院的司法权威。如果判决有利于麦迪逊，则意味着最高法院对于行政部门没有合法制衡的权力。马歇尔认为，美国宪法清楚地将制衡行政部门的权力赋予了最高法院。为此，他在代表最高法院多数意见的判决书中，显示了自己的政治智慧和司法上的先见之明，确立了最高法院的司法审查权。[③]

1803年2月24日，最高法院以5比0的票数（William Cushing大法官因病未参加投票）对马布里诉麦迪逊案作出裁决。首席大法官马歇尔主持宣布了法院

---

① 参见任东来、陈伟、白雪峰等《美国宪政历程》，第29—30页。
② 1800年秋，美国政府迁到哥伦比亚特区的华盛顿，新的首都为立法机关和行政机关修建了相应的建筑，最高法院却完全被忽视了，没有为其准备议事场所，最终只好搬进一间原本用来给众议院的房间。参见[美]伯纳德·施瓦茨《美国最高法院史》，毕洪海、柯翀、石明磊译，中国政法大学出版社，2005，第34页。直到1935年，美国最高法院才有了自己独立的办公大楼即所谓的"大理石神殿"（the Marble Temple）。参见David M. O'Brien, *Storm Center: The Supreme Court in American Politics*（W.W. Norton & Company, 1996），p.136。
③ James West Davidson（et al.）, *Nation of Nations A Narrative History of the American Republic*（McGraw-Hill, Inc., 1994），p.308.

判决书，他在判决中首先提出了三个问题：

第一，申诉人马布里是否有权利得到他所要求的委任状？

第二，如果申诉人有这个权利，而且这一权利受到侵犯时，政府是否应该为他提供法律救济？

第三，如果政府应该为申诉人提供法律救济，是否应该由最高法院来下达执行令，要求国务卿麦迪逊将委任状派发给马布里？

对于第一个问题，马歇尔指出："本院认为，委任状一经总统签署，任命即为作出；一经国务卿加盖合众国国玺，委任即为完成。""既然马布里先生的委任状已由总统签署，并且由国务卿加盖了国玺，那么，他就已经被任命了；因为创设该职位的法律赋予该官员任职5年，不受行政机关干预的权利，所以，这项任命是不可撤销的，而且赋予该官员各项法律上的权利，受到国家法律的保护。"马歇尔的结论是："因此，拒发他的委任状，在本法院看来，不是法律所授权的行为，而是侵犯了所赋予他的法律权利。"所以，马布里案是一个法律问题，不是政治问题。

对于第二个问题，马歇尔的回答也是肯定的。他论证说："每一个人受到侵害时，都有权要求法律的保护。政府的一个首要责任，就是提供这种保护。合众国政府被宣称为法治政府，而非人治政府。如果它的法律对于法律权利受到侵犯的人不提供救济，它当然就不值得这个高尚的称号。"

那么，按照这个思路和逻辑继续推论下去的话，在回答第三个问题时，马歇尔似乎理所当然地就该宣布，应由最高法院向国务卿麦迪逊下达强制执行令，让马布里走马上任。但是，马歇尔笔锋在此突然一转，他引证宪法第3条第2款说："涉及大使、其他使节和领事以及一州为一方当事人的一切案件，最高法院具有原始管辖权（original jurisdiction）。对上述所有其他案件，最高法院具有上诉管辖权。"

换言之，马布里诉麦迪逊案的当事人既非外国使节，亦非州政府的代表，所以，最高法院对此类案子没有初审权。按照宪法规定的管辖权限，马布里应当去联邦地方法院去控告麦迪逊。如果此案最终从地方法院逐级上诉到最高法院，那时最高法院才有权开庭审理。

可是，富商马布里高薪聘请的律师、前任联邦总检察长查尔斯·李并非不懂诉讼程序的外行，他之所以一开始就把马布里的起诉状直接递到了联邦最高法院，依据的是国会1789年9月通过的《1789年司法条例》第13款。

针对这个问题，马歇尔解释说，《1789年司法条例》第13款是与宪法相互冲突的。因为它在规定最高法院有权向政府官员发出执行令时，实际上是扩大了宪法明文规定的最高法院司法管辖权限。如果最高法院执行《1789年司法条例》第13款，那就等于公开承认，国会可以任意扩大宪法明确授予最高法院的权力。

马歇尔认为，此案的关键性问题在于，"是由宪法控制任何与其不符的立法，还是立法机构可以通过一项寻常法律来改变宪法。在这两种选择之间，没有中间道路。宪法或者是至高无上、不能被普通方式改变的法律；或者它与普通法律处于同一水准，可以在立法机构高兴时被改变。如果是前者，那么与宪法相互冲突的立法法案就不是法律；如果是后者，那么成文宪法就成为人们的荒谬企图，被用来限制一种本质上不可限制的权力"。

马歇尔明确指出，"宪法构成国家的根本法和最高的法律"，"违反宪法的法律是无效的"，"断定什么是法律显然是司法部门的职权和责任"。如果法官不承担起维护宪法的责任，就违背了立法机构所规定的就职宣誓，"规定或从事这种宣誓也就同样成为犯罪"。据此，马歇尔正式宣布，《1789年司法条例》第13款因违宪而被取消。这是美国最高法院历史上第一次宣布联邦法律违宪。[①]

三、案件点评

马布里诉麦迪逊一案的意义是多重的。

首先，马歇尔通过此案向美国国会宣布，宪法高于一切法律，判定法律本身是否符合宪法这一至关重要的权力也和立法部门无关。

其次，马歇尔通过此案向国家最高行政部门宣布，宪法的最终解释权属于司法部门。因此，司法部门有权判定最高行政当局的行为和行政命令是否违宪，

---

① 参见任东来、陈伟、白雪峰等《美国宪政历程》，第30—37页。

有权对行政当局的违宪行为和命令予以制裁。

这样，虽然宪法规定任何法律都应由国会和总统决定和通过，但最高法院拥有解释法律的最终权力，有权判定法律是否违宪。而最高法院的裁决一经做出，即成为终审裁决和宪法惯例，政府各部门和各州必须遵守。所以，最高法院不仅拥有了司法审查权，而且在某种意义上拥有了"最终立法权"。

通过对马布里案的裁决，马歇尔一方面加强了联邦司法部门的职能，使司法部门可与立法和行政两部门相抗衡，开始三权鼎足；另一方面增强了联邦最高法院作为一个政府机构的威望与声誉，使最高法院成为宪法的最终解释者。可以说，这是美国政治制度史的一个里程碑。

当然，在马布里诉麦迪逊一案之后，马歇尔法院并未过多地使用违宪审查这一权力。

一些美国宪法学者认为，马歇尔对马布里案的绝妙判决，实际上只是当时党派政治斗争的产物。它在当年并未产生任何实际的法律效力，其作用只是为司法机构今后审查国会立法的合宪性奠定了基础。此外，这个判决也有一个非常明显的自相矛盾之处：因为马歇尔断案的法律根据，是最高法院对此案没有初审权，既然如此，他根本就不应做出任何判决，而是应当依法把案子打回到有管辖权的联邦地方法院；可是，马歇尔大法官并没有这样做，他一方面根据《1789年司法条例》第13款接受此案，另一方面又以它与宪法相冲突为由，宣布它违宪。不过，马歇尔似乎可以辩解说，他接受此案时，并不知道无权审理，无权审理只是后来在审理过程中获得的一个新认识。还有，马歇尔是该案的当事人之一，理应回避，但他却没有这样做。所以，颇有讽刺意味的是，这个在很大程度上是出于党派之争需要的司法判决，后来却成为美国宪法历程的里程碑。①

一些美国学者的研究表明，其实，在1803年之前，违宪审查或司法审查的原则在美国的一些州就已经确认并确立。例如，北卡罗来纳州的巴亚德诉辛格顿案（Bayard v. Singleton，1787）就是这方面第一个显而易见的案例。因此，马布里诉麦迪逊案不能被视为司法审查权确立的第一案。但是，即便如此，它依

---

① 参见任东来、陈伟、白雪峰等《美国宪政历程》，第37—41页。

然是最重要的一个案件。①

四、知识点、重难点

此案的知识点或许在于司法审查（违宪审查）这一特殊的名词及其包含的内容。按照美国学者的解释，关于司法审查，在美国宪法中，找不到任何明示的条文依据。因此，在某种意义上，马歇尔法院经由马布里诉麦迪逊一案，可谓正式确立了司法审查权从此操于美国联邦最高法院之手。由于对于先例原则的尊崇，这一案例首开先河，成为不成文的规定。从这个意义上讲，可以说马布里诉麦迪逊案填补了美国法律在此方面的"空缺结构"。②

当然，马布里诉麦迪逊一案的产生，与当时美国社会的政治斗争不无关系，是联邦党人与民主共和党人之间角力的结果。与历史上一般的政治斗争不同的是，争斗中的双方借助的是法律这一较为理性、文明的方式。而且，双方（无论是作为民主共和派的杰斐逊、麦迪逊等人，还是作为联邦党人的约翰·马歇尔等人）均不约而同地保持了一种较为克制的态度。例如，马歇尔大法官在此后的30年间，很少启用司法审查权。在此案中，也没有向国务卿麦迪逊发出强制令状。

此外，值得赞赏的是，双方对于美国宪法在美国社会中的根本大法的地位均予以认同和尊重，表现出了良好的政治素质与法律素养。

约翰·马歇尔及其领导的美国联邦最高法院无疑是此案的最大赢家，尽管马歇尔在此案中的某些做法存在一些争议。当然，马歇尔对于此案的审理，并

---

① 参见 Kermit L. Hall, William M. Wiecek and Paul Finkelman, *American Legal History: Cases and Materials* (Oxford University Press, 1991), pp.109–113。

② 英国著名法学家哈特在其代表作《法律的概念》一书中，提出了著名的"空缺"理论。他认为，判例或立法，无论它们怎样顺利地适用了大多数普通案件，都会在某一点上发生适用性上的问题，将表现出不确定性；它们将具有人们称之为空缺结构（open texture）的特征。法律的空缺结构意味着的确存在着这样的行为领域，在那里，很多东西需留待法院或官员来发展。他们根据具体情况在互相竞争的、从一个案件到另一个案件分量不等的利益之间做出平衡。参见［英］H.哈特《法律的概念》，张文显等译，中国大百科全书出版社，1996，第127—134页。

非没有法律（尤其是宪法）依据。

由于美国最高法院在此方面无先例可循，所以，我们可以看到，马歇尔对于此案的审理，实则不受先例的约束，而是以自己过人的智慧和胆略创设先例，书写美国最高法院的历史。从这一方面，我们可以理解，马歇尔何以会受到后人景仰。

当然，不受先例的约束，并不意味着约翰·马歇尔大法官不遵从美国法律尤其是美国宪法的规定。我们可以清楚地看到，对于马布里诉麦迪逊一案的判决，马歇尔大法官依据的正是美国宪法的相关规定。即便属于英美法系，但对于案件的审理，仍有明晰的法律条文为依据。正是依据这些明文规定的法律，马歇尔等人可以发掘它们背后的精神，寻找到经得起推敲的理论基础，从而创造出美国法律的新乐章。

五、思考题

（1）如何评价1789年生效的美国宪法？

（2）怎样看待马布里诉麦迪逊案？

（3）美国联邦最高法院的司法审查权得以产生的主要因素有哪些？

第七章 达特茅斯学院诉伍德沃德案：契约神圣与私有财产权的保护

(美国，1819)

一、案件由来

1754年，伊利扎·惠洛克（Eleazar Wheelock）牧师用自己的财产建立了一所主要用来教育印第安人子女和布施基督教的学校。为进一步扩大事业，他派人到英国募捐，得到达特茅斯勋爵等人的支持。1769年，新罕布什尔总督发布英王乔治三世特许状给达特茅斯学院校董会，达特茅斯学院建立。

根据这一特许状，惠洛克为学院首任院长并有权经校董会批准后根据自己的意愿指定接任者。像大多数殖民地时期的学院董事会一样，达特茅斯学院校董会有权却没有精力参与管理。因此，他们默认了老惠洛克对于这所坐落于新罕布什尔的汉罗佛康涅蒂克河畔的小型学院的开明而专制的管理。理论上来说，校董会有权选任或找人替换院长。1779年，学院首任院长老惠洛克去世，经校董会同意，其子约翰·惠洛克（John Wheelock）接任。[①]

尽管第二任院长约翰·惠洛克举止有些傲慢，但他对于学院的工作专注，对于学院时常出现的财政吃紧付出了很大的努力，使得董事会在一段时间内还能够与之相安无事。然而，随着时间的推移，双方逐渐产生一些隔膜。校董会开始频繁地用新人替换旧人。此时，惠洛克怀疑校董会有意剥夺其权力。1810年，校董会拒绝任命惠洛克的一名朋友出任语言教授，使得情况变得更加复杂。

1811年，双方的矛盾终于公开化，导火索是当地教会牧师的人选发生变化。自从1787年以来，当地教会牧师都是惠洛克的一位朋友（也是达特茅斯学院的古典文学教授）担任。但是，在1804年，校董会任命一位新的神学教授，其部分职责是出任当地教会的牧师，并因此取代了惠洛克的朋友。惠洛克坚持由他的朋友继续做牧师，教堂会众反对。惠洛克吁请达特茅斯学院董事会帮助，董事会保持中立，惠洛克进一步认为这是针对他的阴谋。双方妥协无果，终于，在1811年，教堂会众与惠洛克和他的朋友决裂并决定采用公理会，惠洛克和他的为数不多的追随者仍然保持长老派的立场。此时，校董会仍然不愿介入，长

---

① John W. Johnson (ed.), *Historic U.S.Court Cases, 1690—1990: An Encyclopedia* (Garland Publishing, 1992), p.165.

期以来的积怨由此爆发，校董会最后站在他的对立面。在之后的几年时间里，校董会开始将他的职权部分剥夺，惠洛克因此决定反击，并寻求州议会的支持，希望州政府出面干预，以巩固自己的地位。①

惠洛克以偷偷散发攻击董事会的匿名小册子的方式拉开了寻求立法机构支持的序幕。小册子有80页之多，攻击校董会组成了一个联邦党人加上公理会的共谋，危害公共利益。随后，他加入了新罕布什尔州的共和党人一边，后者刚好想就此涉足教育。1816年，共和党人在新罕布什尔州大选中获得州议会的多数以及州长职位。同年6月27日，州议会通过了一项法律，将达特茅斯学院改为达特茅斯大学，增加校董会成员，并增加了一个监事会。

对州政府的决定，达特茅斯学院的董事会当然不服。校董会中的八名董事（后来被称为"八边形"，英文the Octagon）在震惊之余很快做出反应，表示不接受新罕布什尔州议会通过的决定，认为这是侵占行为。其中两名律师（"八边形"中有五人是律师）精心地起草了一份小册子，以回应惠洛克的匿名小册子的攻击。他们认为，颁发给法人的特许证是对于私人权利的承认，州宪法也禁止未经审讯即剥夺他人财产。特许证属于契约，因此，州议会通过的立法违反了美国宪法第1条第10款中的契约条款。②

二、审判过程、结果

从历史上来看，至少从美国独立之前的1740年代开始，就有人主张出于公共利益的需要，将大学置于政府的控制之下。围绕达特茅斯学院展开的斗争只不过是这一由来已久的思潮的最新的反映。在文教团体的法律地位尚不确定的情况下，新罕布什尔州在1816年通过的法律看起来是一个不祥的开始。有谣言说，肯塔基州的共和党人打算效仿新罕布什尔州的做法。一些对此深感忧虑的人士力劝达特茅斯学院校董会在需要的时候，将官司一直打到美国联邦最高法

---

① John W. Johnson (ed.), *Historic U.S.Court Cases, 1690—1990*, p.166.
② John W. Johnson (ed.), *Historic U.S.Court Cases, 1690—1990*, p.166.

院，这也正是校董会要做的事情。①

对于即将到来的诉讼，校董会做了充分的准备。律师（包括"八边形"中的成员）力主在新罕布什尔州提起诉讼。当然，由于1816年新罕布什尔州的大选，共和党人出身的法官业已进入该州的最高法院，因此，法律顾问们的建议是"八边形"不要指望在州法院最终解决问题，而应该把希望寄托在美国联邦最高法院的上诉（以契约问题为由）之上。校董会聘请了杰里米亚·梅森、杰里米亚·史密斯（19世纪早期美国法律界的杰出人士）以及丹尼尔·韦伯斯特（当时的初级律师，他也是达特茅斯学院往届毕业生）。1817年，校董会起诉达特茅斯学院的前司库（财务主管）威廉·H.伍德沃德（此时已携带学院的账本和印章，投奔成立不久的达特茅斯大学）。②

在新罕布什尔州高等法院，达特茅斯学院一方的律师强调学院及其财产、特权和权利的私有性质。他们引述英国的相关先例，借以说明两类法人的存在，一类是公有法人，一种是私有法人。其中，公有法人（civil corporations）因政府、商业和贸易的目的而设立。它们可以被称为公共法人，相关立法机构在一定程度上可以控制它们。私有法人（eleemosynary corporations）或称慈善法人属于私有性质，由于是私人捐赠而成立，与公有法人不同，因而免于外部干预。在英国普通法中，医院、学院和学校均属于私有慈善性质的法人。③

其后，梅森谈到了新罕布什尔州宪法，并讨论州议会在美国独立前是否拥有类似于英国议会那样的权力。他认为，英国议会可以取消学院，因为其拥有不受限制的权力。英国国王不具有这样的权力，除非他确定学院因违法而"被撤销"。梅森认为，州立法机构作为英王的继承者，其权力受到一定程度的限制，特别是依据新罕布什尔州宪法人权法案第15条的规定，任何人非经正当的法律程序，不得被剥夺其财产、豁免权或特权。因此，人们依据州宪法而非州议会的意愿拥有其财产的权利。梅森相信，司法部门有责任保护私有法人及其权利不受侵犯。④

---

① John W. Johnson (ed.), *Historic U.S.Court Cases, 1690—1990*, pp.166-167.
② John W. Johnson (ed.), *Historic U.S.Court Cases, 1690—1990*, p.167.
③ John W. Johnson (ed.), *Historic U.S.Court Cases, 1690—1990*, p.167.
④ John W. Johnson (ed.), *Historic U.S.Court Cases, 1690—1990*, p.167.

新罕布什尔州议会在1816年通过的法律是一种"大胆的尝试",如果不受到抑制,将会成为一个损害自由的先例,使得高校屈从于州立法机构。史密斯指出,由政治人物来管理"学术机构"是不合适的。在政治与教育以及国家与教会关系上,他主张政府"保持中立"。①

新罕布什尔州的总检察长以及达特茅斯大学的律师均竭力证明达特茅斯学院自1769年以来一直就是一个致力于公益和州的事务的公有法人,因而州政府为了公共利益有权改变特许证的性质。他们认为,学院的特许证并非1787年美国制宪者在起草契约条款时心目中的那种契约。1817年11月,新罕布什尔州法院一致支持州立法机构,该院的首席法官威廉·M.理查森在发言中强调达特茅斯学院从事的是教育一代又一代人的事业,此事关系到最高的公共利益,因而其是一个公共法人。"八边形"依据1789年《司法法》第25条的规定及再审令状,将案件上诉到美国联邦最高法院。②

联邦最高法院在1818年最后的开庭期用三天的时间听取了双方的辩论。在法庭上,丹尼尔·韦伯斯特重申了梅森和史密斯的观点,并做出了在最高法院历史上最为精彩的演说之一。在四个小时的演讲中,韦伯斯特强调私有法人权利的不可侵犯、英国普通法的相关规定以及新罕布什尔州宪法。最后,他提到契约条款,并引用弗莱彻诉培克(Fletcher v. Peck, 1810)一案支持自己的观点。如同梅森和史密斯在新罕布什尔法院表达的观点,他强调最高法院的判决将会影响到"这个国家所有的文教机构"以及这个国家的未来。韦伯斯特的演讲极大地震撼了法庭,包括马歇尔大法官。达特茅斯大学一方的律师以及美国总检察长在韦伯斯特精彩的辩论术及犀利的观点面前黯然失色,败下阵来,他们所能够做的只是重复新罕布什尔州首席法官威廉·M.理查森的观点。韦伯斯特的助手约瑟夫·霍普金斯在案件最后陈述阶段提出颇具说服力的观点,即州政府不得垄断教育。③

达特茅斯学院案,是韦伯斯特第十次上最高法院出庭辩护,却是最重要的一次。他当时已在法律界崭露头角,不过,没有多少人相信他能够打赢这场官

---

① John W. Johnson (ed.), *Historic U.S.Court Cases, 1690—1990*, p.167.
② John W. Johnson (ed.), *Historic U.S.Court Cases, 1690—1990*, pp.167-168.
③ John W. Johnson (ed.), *Historic U.S.Court Cases, 1690—1990*, p.168.

司，连他自己也没有多大的把握。因为在当时最高法院的七位大法官中，有五位是民主共和党人。只有首席大法官马歇尔和大法官华盛顿是联邦党人。韦伯斯特之所以接这个案子，一方面是因为它涉及法人团体契约权利这一重要问题；更重要的是，达特茅斯学院是他的母校，于公于私他都必须尽力而为。为此，他精心准备了辩护词并做出了精彩的辩护。①

马歇尔决定不当庭宣判，而是将案件的判决推迟到1819年，原因是联邦最高法院的法官意见有分歧。如此一来，争讼的双方有时间加紧准备。达特茅斯学院校董会在联邦最高法院做出判决之前，在联邦巡回法院另外提起了三次起诉，对1816年新罕布什尔州的法律进行更加全面的审查。1819年，当联邦最高法院再度开庭的时候，首席大法官马歇尔拿出来的达18页之多的司法意见，使得达特茅斯大学一方的希望彻底破灭。马歇尔认为，达特茅斯学院是一个"私有法人"，其可以像自然人一样获得自己的财产。达特茅斯学院董事会获得的特许状是一种被依法赋予的权利，该私有法人理应由董事会及其继承者永久性地管理。作为私有法人的达特茅斯学院获得的特许状就是一种契约，并符合美国宪法关于契约条款的定义，新罕布什尔州通过的法律违反了美国宪法的规定。斯托里大法官、布什罗德·华盛顿大法官、威廉·约翰逊大法官、亨利·布洛克霍斯特·利文斯通大法官提出了与马歇尔相同的意见；托马斯·托德大法官缺席；加布里埃尔·杜瓦尔大法官反对，但未发表意见。②

由马歇尔代表最高法院撰写的判词，把案件分成两个问题：（1）达特茅斯学院的特许状能否看成联邦宪法所要保护的契约？如果回答是肯定的话，那么，（2）新罕布什尔州议会通过的法律，是否构成毁约行为？

尽管在此之前的弗莱彻诉培克一案中，马歇尔已根据美国宪法第1条第10款（即著名的契约条款 Contract Clause），宣布个人的财产属于不可被任何法律

---

① 任东来、陈伟、白雪峰等：《美国宪政历程：影响美国的25个司法大案》，中国法制出版社，2004，第49—56页。
② John W. Johnson (ed.), *Historic U.S.Court Cases, 1690—1990*, pp.168-169.

剥夺的既定权利（vested right）之一；① 但在本案中，马歇尔把这一条款进一步延伸到法人。

三、案件点评

美国联邦最高法院的判决，其结果自然是达特茅斯学院获得了新生，由此确定和保证了美国私立学院的独立和自治，以及与此密不可分的学术自由。为此，它的校史上写着："惠洛克建立了学校，但韦伯斯特使它重生。"1901年，达特茅斯学院院长指出："毫无疑问，在美国这片土地上，如果有哪个教育机构的名字是和它的毕业生，甚至是它的创办者那样密不可分，那就是达特茅斯学院和韦伯斯特这个名字。"

达特茅斯学院案的成功，使韦伯斯特成为那个时代"律师界的领袖之一"。他对法律和宪法精密的分析和雄辩的论证显示了律师在那个时代的巨大作用。他震撼人心的辩词证明了英国功利主义哲学家边沁（1748—1832）的一个论断：法律实际上是法官和律师共同创造的。

但本案更深远的影响在于，自此私人团体和民间组织可以像自然人一样，获得宪法的保护而免于政府的政治干预。通过利用宪法的契约条款保护法人权利免受各州的干涉，马歇尔从宪法上极大地限制了各州的权力。结果，不同形式的私人经济和社会活动便拥有了不受各州政策调节和干预的权利。这就鼓励了私有企业、民间组织（如基金会）的蓬勃发展，为19世纪后半叶美国工业化时代的"自由放任"奠定了坚实的法律基础。② 举例来说，在1780年，美国公司数量不足20个；到1820年（仅仅40年之后），公司数量猛增到1800个以上，这些公司法人分布在交通、商业、金融和制造业等多个领域。

---

① Fletcher v. Peck, 10 U. S. 87, 135（1810）. 该案是以1795年在佐治亚州发生的拍卖公有土地时的贪污丑闻为背景的诉讼案件。马歇尔代表最高法院做出的判词既宣布佐治亚州的相关法律违宪，同时，又宣示了最高法院保护私有财产权的决心。参见王希《原则与妥协：美国宪法的精神与实践》，北京大学出版社，2000，第138—139页。

② 参见任东来、陈伟、白雪峰等《美国宪政历程》，第49—56页。

另外，按照美国学者的说法，"大法官们完全了解他们的判决对社会和经济的后果，对于那个占据最高法院头把交椅的人来说尤其如此。在这里，马歇尔同样把法律看作满足社会需要的一种工具"①。

四、知识点、重难点

19世纪之初，在欧陆尤其是法国，兴起了一轮立法的热潮，在短短数年之间，法国六法相继问世。②其中，1804年3月公布实施的《法国民法典》尤为引人瞩目，"私权神圣"的观念从此获得彰显，对于其他一些国家和地区的影响无疑十分的深远。③

19世纪初的美国，立国不久，各方面正处于发展、壮大的阶段，更需要法律等的保驾护航。由于当时的美国并未创制出与法国相同或类似的法律体系，因而留给司法部门的裁量空间反而更大，这也正是在一系列案件的审判过程中，马歇尔大法官得以大显身手的重要原因。当然，马歇尔之所以能在弗莱彻诉佩克案、达特茅斯学院案等系列案件中做出为人们所熟悉的判决，根本原因就在于其对于私人合法财产的坚决维护。④此外，尽管接受了英国法的传统，但不同于英国的是，美国立国之初即通过了成文的联邦宪法，这一具有最高权威的法律成为马歇尔法院审案中的强有力的理论依据和利器。

简言之，在达特茅斯学院案中，以约翰·马歇尔大法官为首的美国最高法

---

① 参见［美］伯纳德·施瓦茨《美国最高法院史》，毕洪海、柯翀、石明磊译，中国政法大学出版社，2005，第54页。
② 近代法国法律制度形成于拿破仑时代（1799—1815）。在这一时期，法国先后制定了宪法、民法典、民事诉讼法典、商法典、刑事诉讼法典和刑法典等六法，对其他一些国家产生深远影响。参见何勤华主编《法国法律发达史》，法律出版社，2001，第34—35页；参见郭义贵、方立新主编《外国法制史》，清华大学出版社，2010，第268页。
③ 关于法国民法典（拿破仑法典）的评述，可参见刘金国主编《人类法律文化的丰碑》，中国政法大学出版社，2005，第215—233页。
④ 对此，美国的一些历史学家是这样描述的："每当有产阶级受到不友好的州议会的作难时，作为财产捍卫者的马歇尔，也总是试图利用联邦法院来予以保护。他同情那些认为契约是神圣不可侵犯的债权人和企业家，赞许宪法中禁止各州'损害契约义务'的条文。"参见［美］J.布卢姆等《美国的历程》(上册)，杨国标、张儒林译，黄席群校，商务印书馆，1988，第314—315页。

院的判决，主要体现了对于私人合法财产权利以及契约神圣等的尊重，对美国社会影响深远。例如，据统计，在19世纪头20年，美国有私立大学12所。达特茅斯学院案判决后，美国的私立大学增加了12所。1860年，全美182所大学中，私立大学的数量为116所，私人或财团等捐助私立大学的风气受到鼓励，法律在其中的巨大保护和推动作用可谓毋庸置疑。①

当然，此案不得不提的是，原告方聘请的律师丹尼尔·韦伯斯特的雄辩。他的雄辩，不仅于法有据，而且动之以情，是一种美国式的情理法的有机融合，其启示意义也是多方面的。须知要想打动最高法院的大法官们，除了法理，还需要情理。就这一案件而言，或许触动最高法院大法官们的，更多的是原告的毕业生发自内心的辩护和激情。

此外，必须指出的是，除了韦伯斯特等人的雄辩，美国联邦最高法院的大法官们，尤其是首席大法官约翰·马歇尔对于该案性质的认识和大法官们对于达特茅斯学院私有法人地位的认定及对于私有财产权的坚决维护。可以说，审理此案大法官们对于案件的判决起到了关键性的作用。当然，作为案件原告的达特茅斯学院的八位董事（"八边形"）对于自身合法权益的坚决捍卫（例如，在面对州政府的巨大压力之下，学院继续办学，仍然有95名学生留在学院学习。相对于新成立的达特茅斯大学的区区14名学生，学院赢得的社会支持不言而喻②)、对于法律清醒的了解和把握、清晰的诉讼策略、有利的法律依据、辩护律师的选任等，均是使得自己笑到最后的重要因素。

五、思考题

（1）丹尼尔·韦伯斯特在上述案件中起到的作用如何？作为原告一方的代理律师，他的成功主要取决于哪些因素？

（2）为什么说"惠洛克建立了学校，但韦伯斯特使它重生"？

---

① 参见郭义贵主编《司法的印迹：中外经验及思考》，法律出版社，2016，第200—201页。
② Kermit L. Hall, William M. Wiecek and Paul Finkelman, *American Legal History: Cases and Materials* (Oxford University Press, 1991), p.142.

（3）当时的联邦最高法院对于案件的最终走向起到的作用如何？

（4）谈谈马歇尔大法官在此案中的作用。

（5）达特茅斯学院案是美国历史上一个里程碑式的案件吗？它具有哪些重要意义？试分析说明。

第八章 马卡洛诉马里兰州案：
联邦权与州权的一次较量

(美国，1819年)

一、案件由来

1787年，美国宪法诞生，并因此确定了美国政治法制的框架。但是，美国政治与法制的完善却经历了漫长的历史过程。在这一过程中，美国联邦最高法院扮演着重要的角色，特别是首席大法官马歇尔及其法院（马歇尔法院，1801—1835）对于新生的美利坚合众国的发展与进步起到了不可替代的重要促进作用。在30多年的联邦最高法院首席大法官的职位上，约翰·马歇尔做出了一系列精彩的司法判决，极大地影响了当时及其后一段时间里的美国社会。1819年，在马卡洛诉马里兰州这一著名案例中，针对联邦权力与州权之间的争执，马歇尔法院的判决提出了解释宪法的"默许权力"理论，确立了联邦至上的宪法原则，从而对美国宪法产生了深远的影响。

马卡洛诉马里兰州案的背景可以一直追溯到1791年成立的合众国第一银行。作为美国联邦政府的第一任财政部长，亚历山大·汉密尔顿出于稳定年轻的美国国家经济的考虑，力主按照英格兰银行的模式，成立一所国家银行。按照汉密尔顿的设想，这个银行接收并持有联邦所有的收入，促进外汇交易，通过其贴现政策规制各州银行业务，对整个国家提供一种统一的货币。当然，如同汉密尔顿的许多提议一样，这一银行法案在当时美国国会引发了争议。詹姆斯·麦迪逊和其他一些人认为，国会设置这样一个机构缺乏宪法上的权威。该议案最终以微弱的多数通过，关于其合宪性问题被移交到了行政部门。乔治·华盛顿总统在不确定是否行使否决权的情况下，请他的财政部长汉密尔顿以及国务卿托马斯·杰斐逊写出各自的书面意见。[①] 美国历史学家认为，这是美国历史上关于宪法从严解释还是从宽解释的第一次大辩论。国会很快接受了汉密尔顿从宽解释的观点，并通过了这个议案。1791年2月25日，华盛顿总统

---

① John W. Johnson (ed.), *Historic U.S.Court Cases, 1690—1990: An Encyclopedia* (Garland Publishing, 1992), p.84.

最终签署了这一议案。①詹姆斯·麦迪逊之所以改变其立场（在1787年制宪会议上，他像汉密尔顿一样，主张加强中央政府的权力），是因为他在汉密尔顿的计划中看到了一个"强有力的全国政府的发端"，其权力之大将会危及他在权利法案中企图保护的个人自由。②

二十多年以后，有关美国宪法解释从宽还是从严的争论再度出现在马卡洛诉马里兰州一案中。此时，汉密尔顿设计的美国银行（所谓"第一银行"）在较好地发挥了自己的作用之后，因为20年期满，于1811年得不到民主共和党人为主的国会的支持被终止。此后的几年，美国经济由于1812年第二次英美战争的影响，加之缺乏一个中央银行的支持等，陷入严重的紊乱。第二次英美战争结束后不久，终于有人认识到中央银行的便利之处。战争的结束也使得美国国内滋生了一种新的国家主义思想，并因此激励主张设立国家银行的人提出新的立法意见。1816年，国会批准成立第二银行，期限仍然是20年。③

新的中央银行（即第二银行）很快开展业务。其资本达到3500万美元，是当时美国最大的公司。除了设在费城的银行总部，其18个分支机构很快分布在波士顿、新奥尔良、路易斯维尔和辛辛那提等地。与第一银行一样，美国政府在第二银行中占有的股份为五分之一；25名董事中，政府提名的董事也是五分之一也就是5人。但是，总统不再指定银行总裁，而是由董事会选举产生。尽管理论上该银行受制于美国政府，也发挥了服务政府的重要作用；但是，其在很多方面所做的业务与私人银行并无区别。第二银行的总裁是威廉·琼斯（费城一位破产商人），在他的领导下，该行以牺牲公众利益为代价疯狂地牟利。④

---

① 参见［美］J.布卢姆等《美国的历程》（上册），杨国标、张儒林译，黄席群校，商务印书馆，1988，第232页。
② 参见［美］J.布卢姆等《美国的历程》（上册），第232—233页。
③ John W. Johnson (ed.), *Historic U.S.Court Cases, 1690—1990*, pp.84-85.
④ John W. Johnson (ed.), *Historic U.S.Court Cases, 1690—1990*, p.85.

二、审判过程、结果

威廉·琼斯鼓励冒险，此种指导思想对于下属的影响可想而知。第二银行巴尔的摩分行的内部人员（包括分行的负责人、一名董事以及出纳员詹姆斯·马卡洛）为他们自己和他们的朋友在没有足够的安全保障的情况下，贷了大笔的款项，并采用其他方法私吞了银行资产，据说马里兰州投资者因此受到的损失达170万—300万美金。1818年秋，美国国会下令对第二银行的业务展开调查。①

当时有几个州对于第二银行的做法不无怀疑和愤怒，并业已展开针对其分行的行动。1818年2月，马里兰州议会通过一项法律，要求所有的外来银行或其分支机构在发行纸币时，应该贴印花税，根据纸币的面额大小，印花税从10美分到20美元不等。银行也可以按年度一次性地交纳15000美元的印花税，否则，不得在马里兰州继续营业。不服从上述法律的代价是很重的：每一张未贴印花税的纸币罚款500美元，罚款可以在州政府与提供相关信息者之间按比例分成。该项法律于1818年5月1日实施。在上述法律实施后不久的某一天，马里兰州的一位官员造访马卡洛所在的办公室，称其发现近期有一些未贴有印花税的钞票在巴尔的摩市内流通。对此，马卡洛并不否认。州政府立即在巴尔的摩市法院对其提起诉讼，马卡洛被判有罪并受到罚款，案件上诉到马里兰州最高法院（州上诉法院）。事实陈述方面，双方均无异议。诉讼过程中，涉及两个关键问题：（1）美国国会设立银行是否拥有宪法上的权力？（2）如果国会有权设立银行，那么，马里兰州的税法是否合宪？在马里兰州上诉法院做出马里兰州有权征税的判决后，案件以纠错令状（writ of error）的方式上诉到美国联邦最高法院。②

从1819年2月22日开始，原被告双方在马歇尔法院的辩论共持续了九天。

---

① John W. Johnson (ed.), *Historic U.S. Court Cases, 1690—1990*, p.85.
② John W. Johnson (ed.), *Historic U.S. Court Cases, 1690—1990*, p.85.

最高法院意识到此案的重要性，不再囿于当事人每方只能聘请两位律师的成规，允许双方各请三名著名律师。第二银行的辩护律师中包括丹尼尔·韦伯斯特、威廉·平克尼以及威廉·威特（和蔼博学的美国总检察长），马里兰州的三名辩护律师同样绝非等闲之辈。在双方辩论过程中，位于国会大厦地下室的最高法院的法庭可谓人满为患，几乎令人窒息。①

1819年3月6日，在双方辩论结束后三天，首席大法官约翰·马歇尔代表最高法院做出一致判决。马歇尔强调该案对于未来的联邦与州的关系的影响。之后，他谈到第二银行的合宪性问题，指出其长期以来受到民众的认可，这一情况不容忽视。马里兰州一方的辩护律师对于旧事重提表示抱歉，但指出这一问题从来就无须司法干预。他们进一步认为，1791年第一银行产生的"必要性"在1816年业已不复存在，因为各州银行完全可以替代联邦银行而发挥作用。既然美国宪法并没有明文授权美国国会设立法人，那么，行使这种权力的基础就应该在美国宪法第1条第8款"必要而适当的"条款（the necessary and proper clause）。在列举了一长串国会拥有的权力后，该条款宣称国会可以制定"为执行上述各项权力和由本宪法授予合众国政府或其任何部门或官员的一切其他权力所必要而适当的各项法律"。州权的捍卫者与膨胀的国家主义的鼓吹者对于美国宪法中的上述字句的理解无疑是大相径庭。②

对于马里兰州一方的辩护律师而言，其立场如同1791年的杰斐逊一样，认为就其实际效果来看，"必要而适当的"条款应该严格限定。正如马里兰州一方的辩护律师之一的沃尔特·琼斯（此人在当时被誉为法律天才）所指出的那样，美国国会在美国宪法中拥有的种种权力并不意味着其有权设立一家大银行并将银行的分支机构布满全国的各个角落，且有权大批量地发行纸币。如果允许国会如此行为，就会造成其次要的权力成为主要的权力，使得默示的权力大于明示的权力，并因此改变政府的整个构架和理论。退而言之，即使是国家银行的设立是必要的，其分支机构的设置依然是一个问题。③

---

① John W. Johnson (ed.), *Historic U.S.Court Cases, 1690—1990*, pp.85—86.
② John W. Johnson (ed.), *Historic U.S.Court Cases, 1690—1990*, p.86.关于美国宪法的汉译，可参见[美]杰罗姆·巴伦、托马斯·迪恩斯《美国宪法概论》，刘瑞祥等译，中国社会科学出版社，1995。
③ John W. Johnson (ed.), *Historic U.S.Court Cases, 1690—1990*, p.86.

马歇尔大法官在判决词中对于马里兰州政府一方的观点全然拒绝接受。他强调是美国人民,而非各州创制了美国宪法。早期的邦联只不过是主权国家的一种"联盟"或"结盟",如果缺乏合作,中央政府便难以发挥自己的作用。但是,美国人民希望建立"一个更完善的联邦"(a more perfect union),建立一种新的政府框架,从而有效地在联邦和各州之间分权。联邦政府才真正、明显的是人民的政府,其权力由人民授予,并直接为人民的利益而行使。尽管在美国宪法中,联邦政府的权力受到一定的限制,但是,其在授权行动的范围内居于至高无上的地位。宪法第6条规定,宪法和联邦法律"都是全国的最高法律",高于与之相冲突的州的法律。为了实施自己法定的权力,国会有权通过默示的方式使用任何恰当的附加的权力。例如,建立铸币厂以铸造钱币就是一种默示的权力。此类默示的权力的实施并非产生于明确的授权。①

那么,如何理解美国宪法的缔造者们在美国宪法中撰写的"必要而适当的"条款?其是否意在限制国会的权力?对此,马歇尔的回答是:恰恰相反。这一条款表达的是一种明确的授权,是对美国宪法第1条第8款对于美国国会诸多的授权性规定之后的一种补充。如果美国宪法的缔造者们意在限制国会的权力的话,他们会在另外条款中表达出来,或者以一种否定性的文字在同一条款中做出。②

关于"必要的"一词是否等于"不可或缺的"意思,马歇尔做出了否定回答。马歇尔认为,美国宪法的缔造者们肯定注意到了相关字词的混淆,所以,在美国宪法第1条第10款,他们禁止各州对进出口货物征收关税,除非为执行本州检查法所"绝对必要者"。③

就第二银行而言,美国国会之所以设立这样一个机构,是为了帮助联邦政府行使自己的经济权力。马里兰州一方的律师强调,成立公司是主权的一种基本的要素,是应该由各州保留的一种主要的实质性权力。对此,马歇尔持否定态度。因为,虽然制宪者们没有直接授权国会建立公司(法人/社团),但是,也没有对此加以限制。例如,在涉及美国政府的领土扩展这一问题上,区域政

---

① John W. Johnson (ed.), *Historic U.S.Court Cases, 1690—1990*, pp.86-87.
② John W. Johnson (ed.), *Historic U.S.Court Cases, 1690—1990*, p.87.
③ John W. Johnson (ed.), *Historic U.S.Court Cases, 1690—1990*, p.87.

府（territorial governments）就是法人团体。①

国家银行对于实现联邦政府的财政目标确实是"必要的"吗？对此，马歇尔并未直接回答。他提到国会拥有的经济方面的主要权力，诸如征税、借款、管理各州之间的贸易以及建立和维持陆海军。但是，他没有将这些权力与设立国家银行这样的特定事项联系起来。因为，设立这一机构的重要性是不言而喻的。出于同样的逻辑，国家银行的分支机构也是合乎宪法的。因为，国会认为这些分支机构是为了完成银行的重要职责而设立的，这些分支机构的分布是国会恰当地授权给银行董事会的结果。②

在确定银行的合宪性问题后，马歇尔清楚地表示，最高法院对于未来任何试图挑战"必要而适当的"条款的法律将予以否决。对于相关的界限，马歇尔做了仔细的说明，并在绝对的州权与中央政府的权力之间保持绝妙的平衡，呼吁目的和手段等均应合乎宪法的规定。③

对于最高法院的判决意见，马里兰州一方的律师尽管不能够接受，但也没有出乎他们的预料。更为关键的问题是各州征税的权力，对此，鼓吹各州主权的人认为这是维系联邦制的根本。这一观点，在最高法院审理马卡洛诉马里兰州案的过程中，由马里兰州一方的律师约瑟夫·霍普金斯提了出来。美国宪法明确地禁止任何一州对进出口货物或船舶吨位征税，否则，它们征税的权力将不受限制，并因此延伸至联邦政府。第二银行宣称其不受州一级政府的普遍征税权的管辖，原因是它是一个联邦的机构。但是约瑟夫·霍普金斯认为，第二银行其实就是一个名义上的联邦机构，实际上的私人联合。为了盈利，大家一起合伙经营、吸收贷款和分成，联邦政府在其中就是一个合伙人。既然是一个私人机构，就应当向州政府纳税。④

对于被告方律师的观点，马歇尔的回应是：州政府当然拥有一般征税的权

---

① John W. Johnson (ed.), *Historic U.S.Court Cases, 1690—1990*, p.87.关于美国的扩张，可参见[美] J. 布卢姆等《美国的历程》(上册)。关于所谓"区域政府"(territorial government)，当代美国著名法学家劳伦斯·H.弗里德曼在其著作《美国法》中有所提及。参见 Lawrence H.Friedman, *American Law* (W.W.Norton & Company, 1984), p.43.
② John W. Johnson (ed.), *Historic U.S.Court Cases, 1690—1990*, p.88.
③ John W. Johnson (ed.), *Historic U.S.Court Cases, 1690—1990*, p.88.
④ John W. Johnson (ed.), *Historic U.S.Court Cases, 1690—1990*, p.88.

力,但是,限于其自身权力范围内。美国国会创设联邦机构的目的是为了全体美国人民的利益,从宪法的角度来看,任何一个州均不得妨碍联邦机构行使自己的职能。为了说明自己的观点,马歇尔强调,美国宪法以及依据美国宪法制定的法律处于至高无上的地位。它们制约各州的宪法和法律,而不是受制于各州的宪法和法律。因此,马里兰州针对第二银行的纸币征税的行为是非法的,与美国的根本大法相冲突。因为,第二银行获得了国会的特许。任何一个州对于联邦机构行使权力的干预都是一种对于权力的篡夺,并最终对联邦造成伤害,而这种结果是美国人民不希望看到的。[①]

如果各州对于联邦机构不能够征税,那么,美国国会为何又声称其可以对各州银行征税呢?对此,马歇尔的回答是,这两种情况需要分别看待。当国会向各州银行征税的时候,是取得了这些州代表的同意的,其赋税在全国范围内是一致的。但是,当某个州试图向联邦机构征税时,上述政治条件是不存在的。区别就在于整体行为与部分行为的关系、被视为至高无上的政府的法律与并非至高无上的法律的关系。[②]

三、案件点评

马卡洛诉马里兰州案的影响可谓重大而又深远。美国有学者认为,除了"马布里诉麦迪逊案"之外,该案是约翰·马歇尔大法官任期内最重要的司法判决。[③]通过这一判决,马歇尔提出和实践了解释宪法的"默许权力"理论。马歇尔领导的最高法院推翻的不仅仅是马里兰州的一项法律(税法)和一项判决,由此实践了美国宪法"第6条最高条款",更重要的是,它解释并实践了宪法第1条第8款第18项。马歇尔认为这一条款出现在列举国会权力的第一条第8款中,而不是出现在限制国会权力的第9款里,这说明它的含义是扩大而非降低

---

① John W. Johnson (ed.), *Historic U.S.Court Cases, 1690—1990*, pp.88-89.
② John W. Johnson (ed.), *Historic U.S.Court Cases, 1690—1990*, p.89.
③ Kermit L. Hall, William M. Wiecek and Paul Finkelman, *American Legal History: Cases and Materials* (Oxford University Press, 1991), p.131.

国会行使其授权的能力。这就是宪法授予联邦政府的"默许权力"。最终,马卡洛诉马里兰州案在美国联邦最高法院以原告方获胜结束。

对这一案件的判决,在当时就引发了很大的争议。马里兰州一方的辩护律师明确表示,他们认为第二合众国银行主要不是一个联邦的机构,而是一个以盈利为目的、外带一些为政府服务功能的商业银行。这是因为,在它的3500万美元的资本中,80%的股份为私人所有,私人股东控制了董事会五分之四的席位。

在马歇尔的判决书(长达39页)中,他没有引用先例,因为,没有先例可循。他引用的判案依据是汉密尔顿等人在《联邦党人文集》中关于联邦与州的权力关系等的理论、美国国会的某些辩论意见、当时已经不再有效的《邦联条例》以及美国宪法中的相关条款。特别是对于美国宪法中的相关条文,马歇尔做出了非同寻常的抑或从宽的解读。给人印象深刻的是,马歇尔对于美国宪法第1条第8款第18项的"必要而适当的"条款的从宽解释。对于马歇尔就此案的判决,后世的美国学者心存疑虑:这是一份法律杰作,还是政治理论的表达?[1]应当说,这种疑虑,不无道理。

四、知识点、重难点

在美国联邦最高法院对马卡洛诉马里兰州案做出判决后不久,第二银行开始了内部的清理整顿。总体而言,先前的管理得到改善,内部的腐败得到了整治。美国国会组织的一个调查委员会揭开了银行内部不少的违法犯罪的内幕及证据。但是,国会并未因此而撤回先前授予银行的特许状。就在最高法院对马卡洛一案举行听证前的几周,银行总裁威廉·琼斯下台,取代他的是兰登·切夫斯。兰登·切夫斯是一位来自南卡罗来纳州的称职的、保守的律师。他上台后,很快着手银行内部的全面改革和清理工作。随之而来的是银行内部一批高管的辞职。据统计,银行分支机构大约一半的主管辞职,他们中的一些人面临

---

[1] Kermit L. Hall, William M. Wiecek and Paul Finkelman, *American Legal History*, pp.131-132.

刑事犯罪的指控。在案件的发生地巴尔的摩，案件的原告马卡洛被辞退；他的好友分行主管詹姆斯·布坎南以及经理乔治·威廉姆斯在不光彩的状况下辞职。第二银行在马里兰州法院对于马卡洛等人提起诉讼，罪名是共谋欺骗银行的股东。威廉·平克尼这位不久前还代表第二银行打官司的著名律师，此时又代表银行忙于起诉银行先前的这些雇员。同样，他再度获胜。①

具有讽刺意味的是，第二银行对于自己内部的大力整顿或清洗政策并未收到理想的效果。某些州采取了一些颇为敌对的措施，其中，俄亥俄州的反应尤为激烈。该州议会试图将这个令人憎恨的银行彻底赶出去。1819年2月，俄亥俄州议会通过法律，对于第二银行在该州的两个分行各征收5万美元的税收，并指令州审计员在必要的情况下，采取对第二银行的储备金扣押的措施以强迫对方缴税。在数月之后，该州官员无视马卡洛诉马里兰州一案的判决，闯入第二银行在奇利科西分行的办公室，拿走银行存在国库的10万美金的储备金。在"奥斯本诉第二银行"一案中，马歇尔重申了他在马卡洛一案中的立场，第二银行的相关争议终结，第二银行的业务重新兴旺起来，其在能力卓越者的领导下一直发展到1836年特许状到期。1836年，总统安德鲁·杰克逊对于第二银行非常仇视，导致该行到期后不得延续。因此，美国一直到内战时期，不复有国家银行。②

根据美国学者的相关研究，19世纪早期的许多美国人对于银行其实并无好感。对于一些人来说，银行是一种拥有某种特权、压迫普通老百姓的机构，与英国历史上的某些机构极为相似。对于其他一些人而言，他们不排斥小银行的作用，却极力反对少数几个大的银行的产生。因此，名声不佳的第二合众国银行的诞生引发了公众的愤怒及政治上的报复也就在所难免。马卡洛诉马里兰州案要解决的不仅是一家国立银行的合法性问题，而且，它还要面对未经美国联邦宪法明确规定的由联邦政府拥有的权力。该案所带来的影响力至今仍未消散。③

鼓吹州权的人认为，马歇尔在马卡洛一案中对于宪法的"必要而适当的"

---

① John W. Johnson (ed.), *Historic U. S. Court Cases, 1690—1990*, pp.89-90.
② John W. Johnson (ed.), *Historic U. S. Court Cases, 1690—1990*, p.90.
③ John W. Johnson (ed.), *Historic U. S. Court Cases, 1690—1990*, p.84.

条款的扩大解释使得联邦权力在未来获得扩张具有了合法性。尽管马卡洛案的判决一直到美国内战影响甚微，但是，它对于后来国家权力的范围的重构以及现代福利国家的出现的合法性却有着根本性的影响。例如，20世纪30年代，美国联邦最高法院使用马卡洛案支持罗斯福总统的"新政"；1964年的《民权法案》以及1965年对于《选举权法案》的支持同样可以看到马歇尔在马卡洛案中观点的重现。[①]

五、思考题

（1）马卡洛诉马里兰州案对于美国宪法有何促进作用？

（2）马歇尔对宪法的这种宽泛解释会带来什么样的危险？试举例说明。

---

① John W. Johnson (ed.), *Historic U. S. Court Cases, 1690—1990*, p.90.

第九章 切罗基人诉佐治亚政府案：

印第安人的血泪

(美国，1831 年)

一、案件由来

美洲的原住民据认为是来自东半球的移民,最早的移民可能是通过白令海峡来到美洲,时间大约是4万年前。①15世纪在欧洲开始的"地理发现"改写了世界历史,其结果是随着欧洲人的到来,美洲的一些原住民及其文化遭受了极大的损失,特别是南美洲的阿兹特克文明和印加文明受到毁灭性的打击。至于撒哈拉沙漠以南的非洲,由于热带美洲的种植园经济的需要,使得黑奴买卖猖獗,其人口损失惨重,至今尚未恢复。②

大体而言,墨西哥以南的印第安人的文明程度较高,墨西哥以北的印第安人的文明程度较低。英国在北美洲的殖民活动主要始于17世纪之初,以英国移民的宗教活动以及英国贸易公司等形式为主。到美国独立战争爆发之前,英国在北美的殖民地已经达到了13个。③

北美东部的印第安人与英国殖民者之间时有冲突,并曾经爆发过所谓的"印第安战争"。当然,印第安人并非殖民者的对手。英法"七年战争"后,英国军队数千人驻扎北美,开始了对付法国人之前的盟友印第安人的战争。④

1783年,美国独立,印第安人的处境并未获得根本的改变。

在1828年的大选中,安德鲁·杰克逊击败昆西·亚当斯,成为美国第七任总统。作为一名联邦不干涉主义的倡导者,他承诺要把联邦政府"还原为宪法中所设想的那样一个简单的机构",这种观念在其后来的执政期间得到了一定的体现,并反映在印第安人的迁移问题上。简言之,安德鲁·杰克逊上台后,积极推行一项将所有的印第安人部落迁移到密西西比河以西的土地上的计划。这项计划始于杰斐逊总统、得到了门罗总统和昆西·亚当斯总统等人的支持,

---

① 参见[美]J.布卢姆等《美国的历程》(上册),杨国标、张儒林译,商务印书馆,1988,第4页。
② 参见[法]德尼兹·加亚尔、贝尔纳代特·德尚《欧洲史》,蔡鸿滨、桂裕芳译,海潮出版社,2000,第309—310页。
③ 参见[美]J.布卢姆等《美国的历程》(上册),第5—156页。
④ 参见[美]J.布卢姆等《美国的历程》(上册),第5—156页。

也获得了国会的批准。①

1830年，杰克逊总统说服国会通过《印第安人迁移法案》，将南方六州主要印第安部落强行迁往密西西比河以西划定的保留地。他说："只有将白人和印第安人隔离开来，才能促成他们在自己并不文明的制度下，按照他们自己的方式追求幸福。"②

《印第安人迁移法案》的颁布，掀起了大规模驱赶印第安人的狂潮。所谓印第安人的保留地，绝大部分是偏僻贫瘠的山地沙漠地带。种族迫害再攀高峰，引发了第二次西米诺尔战争。③

法国学者托克维尔深表震惊："随着这种被迫迁徙而来的可怕苦难，是不堪设想的。当印第安人离开世世代代居住的家园时，他们已经筋疲力竭、衰败不堪；而在他们新选定的落脚地区，又早已住有只会对新来者怀有敌意的其他部落。他们的背后是饥荒，而前面又是战争，真是到处受苦受难。"④

其中，酷爱自由的切罗基部族，被迫迁往"印第安准州"（今俄克拉荷马州）。历时数月的迁徙，造成了近4000人丧生，占该部族的总人口的四分之一。

---

① 参见［美］J.布卢姆等《美国的历程》（上册），第370页。

② 安德鲁·杰克逊（Andrew Jackson，1767—1845），美国第7任总统（1829—1837）。佛罗里达州首任州长、新奥尔良之役战争英雄、民主党创建者之一，"杰克逊式民主"因他而得名。在美国政治史上，1820年代与1830年代的第二党体系（Second Party System）以他为极端的象征。杰克逊始终被美国的专家学者评为"美国最杰出的十位总统"之一。当然，我们有理由相信，无论出于何种原因，残酷镇压印第安人，使他的个人政治生涯蒙上了阴影。

③ 第二次西米诺尔战争开始于1835年，一直持续到1842年。它本来是一次游击战，由西米诺尔人领导，印第安人在佛罗里达的沼泽和森林中进行了军事行动，他们还攻打了陆军正规军的分遣队。陆军必须配置10000名的正规兵力和30000名的民兵来镇压逃跑的敌军。陆军坚持以纵向部队向可疑的敌军要塞进军，当他们到达时，发现敌军已经逃脱了。与其在战场中面对陆军，西米诺尔人更喜欢袭击小规模分遣队和前哨，然后再次从视线中消失掉。因为战事的拖延，敌军从未正面出现在战场上，陆军对印第安人的虐待开始日益疯狂和残酷。陆军的领袖最终采取了欺骗手段，邀请奥斯西奥拉和其他的领袖在休战的幌子下举行商讨会，然后把他们俘虏。1838年，奥斯西奥拉在佛罗里达的马里恩堡垒的囚禁中死亡（西部密歇根州以他名字命名了一个村庄表示纪念）。这是一次残酷的战役。

④ 参见［法］托克维尔《论美国的民主》，董果良译，商务印书馆，1988，第368—423页。托克维尔（Charles Alexis de Tocqueville，1805—1859），法国著名政治思想家，著有《论美国的民主》《旧制度与大革命》等。在《论美国的民主》一书中，托克维尔通过自己的观察和思考，对于当时美国社会中对于黑人、印第安人的排斥等问题提出了自己的批评意见。19世纪早期，托克维尔在访问美国时，注意到了美国境内的三个种族，即在知识、力量、生活享受上均属第一等的白人（欧洲人）以及他们之下的黑人和印第安人。托氏写道："以尊重人道的法律的办法消灭人（印第安人），可谓美国人之一绝。"（《论美国的民主》，第395页）

这条道路，充满荆棘和眼泪，后人称为"血泪之路"（Trail of Tears）。①

狂飙突进的百年西进运动中，全美不下100万印第安人遭屠杀，是一场名副其实的"种族清洗"。由于长期遭到屠杀、围攻、驱赶、被迫迁徙等迫害，印第安人人数急剧减少。17世纪北美印第安人有1000万，到了20世纪初期只剩下30多万。

今日美国有230余万印第安人，占美国总人口不到1%。他们有最低的家庭收入、最低的预期寿命、最低的大学毕业率、最高的失业率、最高的酗酒率、最高的自杀率，婴儿死亡率比白人高3倍。奥巴马总统承认："在一些印第安人保护区，犯罪率竟然比全国平均犯罪率高20倍。"三分之一的印第安妇女曾遭强奸，40%的印第安妇女是家庭暴力的受害者。②

北美土地上有一块巨石，上面镌刻着"This is Indian land"（这是印第安人的土地）。这是印第安人的肺腑之言、血泪之词，也反映出长期以来难解的民族心结。

土地归属问题，一直是印第安人和白人关系斗争的焦点。历经多年缠斗，1763年10月，殖民者假惺惺地与印第安人签订协议，发表《英王国宣言》，承认印第安部落的合法存在，允诺双方作为主权民族平等相待，并对各自拥有的领土作出明确划分。宣言保证印第安人的保留地由其支配，并无时间限制。但事实上，殖民者从未打算遵守。美国独立后，向来视印第安人领地为外国，印第安人事务属于战争部（今国防部）管理。土地无异于战利品，胜者为王、赢家全得。

不过在司法领域，最高法院却勇于发出不同声音，印第安人多次胜诉。1823年，在约翰逊及格拉汉姆的佃户诉威廉·麦金托什案中，法院裁决承认印第安部落的主权及其对于土地的权利，判决强调："我们并不认为印第安人的权利不值一提，他们对财产的权利无可置疑。"法庭认定，只有联邦政府才有全权

---

① John W. Johnson (ed.), *Historic U. S. Court Cases, 1690—1990: An Encyclopedia* (New York & London: Garland Publishing, 1992), p.409.
②《印第安人保留地犯罪率远超全美1/3妇女遭强暴》，搜狐新闻，http://news.sohu.com/20100803/n273961373.shtml，访问日期：2014-5-28。

与印第安部落谈判土地问题。①

二、审判过程、结果

切罗基人最早定居于大西洋东南岸的大片土地上。在17和18世纪，欧洲人把切罗基人从他们的定居地上。不过，与大多数印第安人不同的是，切罗基人能够接受白种人的生活方式。美国工业革命之后，切罗基人照搬白人的某些生活方式，将儿童送到白人学校学习，允许与白人通婚。他们与联邦政府签订条约，这样似乎可以保留他们剩下的土地。②

在本案发生之前，生活在佐治亚的切罗基人数量极为庞大。切罗基人的种植园里甚至还有黑人奴隶做工。在1828年，采矿者在切罗基人的领地里发现了金矿。佐治亚政府打算将这些土地交给白人，于是想通过法律迫使切罗基人离开。但是，切罗基人并未屈服，他们聘请白人律师威廉·沃特做他们的代理人，将此案直接告到美国联邦最高法院，要求判决阻止佐治亚政府强行将切罗基人移民，根据是美国宪法第3条第2款的规定，这样就无须通过佐治亚法院或联邦地方法院的管辖。

1831年3月5日，沃特律师将此案提交给最高法院审理。佐治亚州拒绝派律师为自己辩护，这是因为它强烈支持各州管理自己的事务，称其为"州权"。

美国最高法院听取了沃特律师为切罗基人的申辩。沃特认为，切罗基人有明确的权利拥有在佐治亚州的土地，因为之前有相关条约的规定。进而，沃特请求最高法院阻止佐治亚政府将要对切罗基人采取的行动。

庭审当天，最高法院驳回了沃特的起诉，认为切罗基人和其他印第安人部落只是"国内的、不独立的民族"，"不是外国的民族，因此，法院无权帮助他们。"

---

① 俞飞：《印第安人土地归属诉讼百年》，搜狐滚动，http://roll.sohu.com/20120418/n340843705，访问日期：2014-5-28。

② 参见［美］托马斯·帕克主编《开庭：改变人类进程的115件世纪大案》，刘璐、张华伟等译，海潮出版社，2000，第8页。

由于得不到美国联邦最高法院司法判决的支持,切罗基人实际上沦为任人宰割的羔羊:1838年,7000多名切罗基人被迫离开他们的土地。在西迁的长途跋涉中,有4000多人死去。这条路后来被称为"血泪之路"。①

三、案件点评

这起案件与美国的历史有关,主要涉及美国历史上不光彩的一页:对于原住民北美印第安人的压迫、灭绝政策。在针对切罗基人迁移的问题上,当时的美国总统安德鲁·杰克逊更多地考虑到印第安人所处的不利环境,希望通过将其与白种人分隔生活的方式求得双方的相安无事。这种出发点或许不错,也是杰克逊总统力推美国国会通过相应的印第安人迁移法案的主因。而且,美国国会在1830年通过了这样的一个法案。至于美国联邦最高法院对于切罗基人诉佐治亚州政府的判决,杰克逊总统却没有给予应有的关注;对于佐治亚州政府与急欲获得切罗基人土地的居心不良者的合谋等,杰克逊总统几乎持无动于衷的态度。切罗基人几乎在被蒙骗的状态下签订了相应的协议,欺骗他们的不仅是上述急于取得其土地的居心不良者,还有帮助这些居心不良者的佐治亚州的法院。其结果是,西部百分之九十的土地落入了投机者之手。②

当然,如同托克维尔当年所言,以尊重人道的法律的办法消灭人(指印第安人),可谓美国人之一绝。③例如,就本案来说,为了夺取切罗基人的土地(主要目的是抢占当地新发现的金矿),佐治亚州通过了不公正的、不人道的法律;美国联邦最高法院的判决也没有帮助到原告切罗基人;杰克逊总统也抛弃了他的印第安民众。④所以,回过头来,我们看这起案件,足以证明当时的美

---

① 参见[美]托马斯·帕克主编《开庭》,第8—12页。
② James West Davidson (et al.), *Nation of Nations A Narrative History of the American Republic* (McGraw-Hill, Inc., 1994), p.393.
③ 参见[法]托克维尔《论美国的民主》(上卷),第395页。
④ 美国总统安德鲁·杰克逊在离任时,居然把将近完成的印第安人的迁徙算作自己的主要成就之一。他曾说:"我意识到,对于我那红色皮肤的儿女,我已尽到了自己的责任。"参见[美]J.布卢姆等《美国的历程》(上册),第372—373页。今天我们重读杰克逊的这段话,会有别样的意味和感受。

国政府（佐治亚政府以及联邦政府、美国最高法院等）均没有给予原告以足够的保护。而最终逼迫切罗基人离开自己的土地，踏上"血泪之路"，则无疑是美国历史的极不光彩的一页，是美国人权遗产的一大缺陷。

历史的经验证明，当时的印第安人采用武装反抗的方式难以阻止白人统治者侵害自身合法权益。因而切罗基人采用合法的方式即司法的途径来维护权利的做法值得赞赏（虽然并未成功）。

四、知识点、重难点

北美印第安人是当地的土著，在欧洲人来到美洲之后，其景况迅速恶化，人数也一度急剧下降，有些部落甚至再难寻觅其影踪。美国独立后的很长一段时间，对于印第安人的迫害可谓有增无减，多通过法律渠道，也伴随赤裸裸的武力。上述切罗基人诉佐治亚案就较为典型地表现了这一特点。因此，我们说，美国政府亏欠了印第安人，这是美国人权遗产的一大缺陷。所幸，现代以来，美国政府意识到了这一点，也做了一些弥补。但是，有些问题恐怕只能说一时半会难以较好地解决。这是历史造成的，也是当今美国社会必须面对和应该不断改善的一个重大问题。

美国学者将切罗基人在遭遇上述案件之前的历史大致划分为三个阶段："最初接触阶段"。在这一阶段（1540—1785），切罗基人与前来美洲的欧洲殖民者不期而遇，其土地不断被英国、法国、西班牙殖民者侵蚀，切罗基人见识了殖民者在武器装备等方面的优势，为应对其面临的危机，他们发展出一种建立国家的意识，尽管不无艰难。1785年，其与独立不久的美国签订的《霍普韦尔和约》确定切罗基人对于其居住土地的支配权。第二阶段是所谓"白种人占优势时期"，时间为1786—1828年，包括白种人试图夺取切罗基人的土地、终结切罗基人的文化和破坏切罗基人的法律制度，同时，也包括切罗基人政治制度中的混合因素的增长、切罗基共和国的诞生以及许多切罗基人将切罗基传统向欧洲制度模式的靠拢（例如，切罗基人发展出了他们自己的音节文字、出版了自己的报纸、有了自己的首都等）。第三阶段就是"种族颠沛流离时期"（1829—

1846），也就是切罗基人在第二阶段的种种努力遭受打击的阶段。①

就本案的诉讼策略而言，切罗基人聘请的白人律师威廉·沃特（William Wirt，曾任美国司法部长）设法绕过佐治亚当地法院的"地方保护主义"的做法，无疑是正确的选择。我们完全可以想象，如果此案先在当地审理，几乎没有可能获得当地法院的支持。

值得注意的是，此案提交美国联邦最高法院后，约翰·马歇尔领导的最高法院也未能给予原告切罗基人以应有的强力支持，尽管该院明显表达出自己对于切罗基人的同情。在此案中，马歇尔大法官的判决意见更多讨论的是联邦最高法院是否拥有对于该案的管辖权这一问题。并且，他认为，包括切罗基人在内的其他所有的印第安人"都处于未成年状态"（are in the pupilage）。这一所谓的"未成年说"极大地影响到了19世纪许多受过教育的美国人。此外，马歇尔在判决意见中，还用了三个英文单词来描述美国本土居民（印第安人）与美国政府的关系："domestic, dependent, nations"。"domestic"意味着两者关系的国内性质；"dependent"意味着印第安人的附属性；"nations"意味着印第安人在主权方面的独立性。②这三个词不无冲突之处，但同时使用，再度体现了马歇尔大法官的一贯风格，也体现了他的无奈。

美国最高法院现任大法官斯蒂芬·布雷耶认为，切罗基人诉佐治亚州案还带来一个沉痛的教训。因为，总统动用权力，破坏最高法院的判决执行，还将切罗基人驱离故土。马歇尔和斯托里（当时美国联邦最高法院的一名大法官）曾担心此事会损害最高法院的权威，如今竟一语中的。杰克逊那句流传甚广的话，更显示了最高法院的弱势地位，即首席大法官"既然判了，现在就让他自己执行判决"。而佐治亚州则打算吊死任何踏入州界，执行最高法院判决的人。③

所以，一直要等到现代，包括切罗基人在内的美国印第安人的境遇才有所

---

① John W. Johnson (ed.), *Historic U. S. Court Cases, 1690—1990*, pp.409-410.
② John W. Johnson (ed.), *Historic U. S. Court Cases, 1690—1990*, pp.411-412.
③ 参见［美］斯蒂芬·布雷耶《法官能为民主做什么》，何帆译，法律出版社，2012，第31—43页。

改善。①

五、思考题

(1) 我们应该如何理解本案原告的诉讼策略?

(2) 假设本案原告在美国最高法院获胜,他们的权利会受到佐治亚地方政府的保护吗? 为什么?

---

① 2009年的最后几天里,恰好在圣诞节前后,美国总统奥巴马在白宫签署了一份"史上最低调"的道歉法案。这份法案向美国本土原住民道歉,这也是美国官方首次对牺牲重大的印第安原住民表示歉意。根据美国国会决议,美国政府应就"不理智政策和对印第安人采取的暴力、抢劫以及破坏与北美土著人达成的协议"道歉。但该文件同时指出,该文件不得成为印第安人向美国政府提出任何法律要求的依据。见《2010年:美国向印第安人道歉"史上最低调"无人知晓无人报道》,搜狐新闻,http://news.sohu.com/s2012/shijieguan-296/index.shtml,访问日期: 2014-6-6。

第十章 德雷德·斯科特诉桑福德案：

美国内战的导火索

(美国，1857 年)

一、案件由来

作为一个黑奴,德雷德·斯科特(Dred Scott)曾经是军医约翰·埃默森(John Emerson)在密苏里州购买的一份财产。后来,他随主人先后到过自由州伊利诺伊以及密苏里州妥协案分界线①北纬36°30′以北的威斯康星领地。埃默森医生死后,斯科特向密苏里州法院提起诉讼,要求获得自由,理由是他在自由州居住过,他胜诉了,但这一判决在上诉时被驳回。此时,埃默森的妻子已改嫁,根据密苏里州宪法,她的财产执行人即她的兄弟约翰·桑福德(John F. A. Sanford)有权代表埃默森的女儿处理她的财产。因为桑福德是纽约州公民,与斯科特各隔一州,所以斯科特的律师将案件提交到联邦法院。②

1854年5月15日,对斯科特自由案的第三次审判中,陪审团的判决有利于桑福德。于是,这一案件在1854年12月30日被提交到美国联邦最高法院,并定于1856年2月开审。③

二、案件审判、结果

最高法院面临两个重要的问题:斯科特是否有权向联邦法院提出申诉?期科特在自由州旅居是否可以使他成为一个自由民?而第二个问题又要求最高法院对1820年密苏里妥协案是否合宪作出裁决。

最高法院法官的政治倾向对斯科特案的审理具有极大的影响。九名法官中,来自南部和赞成奴隶制的占了大多数,此案的结局如何也就可想而知了。

1856年12月,第二轮辩论之后,首席大法官塔尼(Roger B. Taney)宣布了

---

① 由嵘主编:《外国法制史》,北京大学出版社,1992,第514—515页。
② [美]J.布卢姆等:《美国的历程》(上册),杨国标、张儒林译,商务印书馆,1988,第526—527页。
③ [美]托马斯·帕克主编:《开庭:改变人类进程的115件世纪大案》,刘璐、张华伟等译,海潮出版社,2000,第13—21页。

审判结果：最高法院以七比二的多数票支持斯科特为奴隶。塔尼代表多数的意见，认为斯科特是自愿地回到密苏里，而根据该州法律，他仍是一个奴隶。

有学者认为，最高法院的多数派相信他们拥有应付南北双方引发更大冲突的司法职责。首席大法官塔尼更是想加强对于奴隶制的司法保护。因此，塔尼宣称非洲裔美国人不能并且从来都不是合众国的公民，原因是"他们低人一等，无权获得与白人一样应有的尊重"。此外，最高法院还宣布密苏里妥协案违宪，声称国会无权在美国任何一个地方禁止奴隶制。①

三、案件点评

斯科特案被认为是美国历史上一起重大的案件，它所带来的直接后果便是南部喜出望外，而对废奴主义者来说则不啻一记沉重的打击，对于渴望获得自由的德雷德·斯科特来说更是难以承受。在输了官司以后，德雷德与妻子成为泰勒·布洛欧的财产。后来，德雷德又成为赛伦·巴纳姆夫妻的奴隶。1858年9月17日——败诉一年以后——身心俱疲的斯科特死于肺结核。②

美国最高法院所作出的判决中，真正称得上具有里程碑意义的为数并不多。但学者们一般都同意德雷德·斯科特案无疑应包括在内。并且，有一段时间，大多数人均将该案与美国内战的爆发联系在一起，认为倘若不是最高法院作出如此的判决，内战本来是可以避免的。③

在斯科特一案中，尽管美国最高法院有七名大法官投票赞成斯科特为奴隶，但仍有两名大法官麦克林（Mclean）与柯蒂斯（Curtis）投了反对票。在长达69页的反对意见中，有一段短文也许可以清楚地表明大法官本杰明·R.柯蒂斯的观点："……因此，对于最高法院多数人的意见，我要反对的是一个非洲裔就不

---

① James West Davidson (et al.), *Nation of Nations: A Narrative History of the American Republic* (McGraw-hill, Inc., 1994), p.547.
② [美]托马斯·帕克主编：《开庭》，第18—19, 38, 489—493页。
③ John W. Johnson (ed.), *Historic U. S. Court Cases, 1690—1990: An Encyclopedia* (New York & London: Garland Publishing, 1992), p.348.

能够成为合众国的公民；而且，我还要反对的是他们自以为有权审查国会通过的即人们通常所称的密苏里妥协案以及他们所持的依据和作出的结论。"①

美国社会各界对斯科特一案的反响不一。在这方面，当时共和党人提名的参议院候选人亚伯拉罕·林肯（1809—1865）与其竞选对手参议员斯蒂芬·A.道格拉斯之间的辩论具有典型意义。1858年，在旨在分析国家面临重大问题的著名的"分裂之家"演说中，林肯指责民主党恣意扩大奴隶制的范围，并评价了当时发生的三大事件：一为1854年国会通过了《堪萨斯-内布拉斯加法案》，允许西部新开发的准州的选民自行决定是否实行奴隶制；二是最高法院1856年对斯科特案的判决；三是在堪萨斯发生的就莱康普顿宪法合法性问题引起的激烈争论。林肯的结论是："我认为这个政府不能在半奴隶制半自由的状态下长存。"②

拥护奴隶制的首席大法官塔尼自然是众矢之的。有人认为，塔尼希望自己的长达54页的意见最终能够有利于南部，平息美国国内关于奴隶制的冲突，确定美国黑人的地位，并借此打击新崛起的共和党，然而却适得其反。③

当代美国著名法学家伯纳德·施瓦茨（Bernard Scnwartz）更是明确地指出："不管怎么讲，德雷德·斯科特案都是美国公法在解决奴隶制问题时遭到失败的最突出的表现。这种失败将使奴隶制问题最终依靠武力来解决。这本身正是对公法作用的全盘否定。"④因此，斯科特案的判决给美国所带来的负面影响无疑

---

① Louis Fisher, *Constitutional Rights: Civil Rights and Civil Liberties* (New York: McGraw-hill, Inc., 1990), p.976.本杰明·R.柯蒂斯（Benjamin R. Curtis, 1809—1874），1851—1857年任美国联邦最高法院大法官，是当时最高法院唯一接受过完整法律教育的大法官（1831年毕业于哈佛大学法学院，次年进入律师行业），也是唯一因为原则问题辞职的大法官。正是由于德雷德诉斯科特案，他于1857年9月30日辞去大法官一职。也有人认为，他的辞职除了与首席大法官罗杰·B.塔尼等人意见不合，还有当时最高法院的巡回审判令他不适、收入较私人开业低等原因。斯科特案或许只是他辞职的一个导火索。

② [美]戴安娜·拉维奇编：《美国读本——感动过一个国家的文字》（上），林本椿等译，许崇信校，生活·读书·新知三联书店，1995，第279页。

③ Kermit L. Hall, William M. Wiecek and Paul Finkelman, *American Legal History* (Oxford University Press, 1991), pp.35, 189, 212, 213.罗杰·布鲁克·塔尼（Roger Brooke Taney, 1777—1864），美国联邦最高法院第五任首席大法官（1836—1864）。他在德雷德·斯科特案中代表美国联邦最高法院多数意见的判决词为世人所记。

④ [美]伯纳德·施瓦茨：《美国法律史》，王军等译，潘华仿校，中国政法大学出版社，1990，第58页。

是巨大的。①

四、知识点、重难点

1619年，一艘荷兰船将20个非洲人带到弗吉尼亚的詹姆斯敦，由此开始了黑人在北美新大陆的历史。17世纪后期，随着南方种植园经济的发展，非洲黑人通过直接或转送的方式被非自愿地输入，人数大增；同时，殖民地的法律也确定了他们的奴隶身份。在350年的奴隶贸易中，大约有900万到1200万黑人在极其恶劣的条件下被带到美洲各地，其中约40万被带到北美。②

从一开始，来自英格兰的移民就意识到了他们与非洲人之间的差异，不过他们所指的差异并非我们今天所讲的黑、白肤色的种族差异，而是文化和宗教方面的差异。英格兰移民的种族意识并非与生俱来，而是逐渐发展的产物。随着17世纪后期的奴隶法典的问世，黑人的奴隶地位也因此被确定下来。③

1688年《德国城反对奴隶制的抗议书》(The Germantown Protest Against Slavery)是目前已知的第一个公众反对在英属北美殖民地蓄奴以及从事奴隶贸易的呼声。虽然其内容充满宗教、伦理色彩，这份抗议书却不乏宪法与法律上的意义。④在其后漫长的岁月中，这种反对、抗议之声不绝于耳。

处在被奴役地位的黑人本身也并不甘于自己的悲惨命运。早在独立战争前夕，《奴隶向马萨诸塞皇家总督的申诉》(The Slaves' Appeal to the Royal Governor of Massachusetts, 1774) 即是这方面一个典型的事例。在申诉中，奴隶们宣称：

---

① 该案是否直接引发了19世纪中叶的美国内战（即南北战争）似乎还存在争议。但是，其负面影响力则毋庸置疑。美国后来的一名大法官称该案为"自残的创伤"；美国学者认为这一案件的审判严重地削弱了（美国）联邦最高法院至少在一代人心目中的威望。参见［美］迈克尔·特拉切曼：《34座里程碑：造就美国的34次判决》，陈强译，法律出版社，2008，第23—24页。

② ［美］戴安娜·拉维奇编：《美国读本》（上），第39页。

③ Kermit L. Hall, William M. Wiecek and Paul Finkelman, *American Legal History*, pp.35, 189, 212, 213.

④ Kermit L. Hall, William M. Wiecek and Paul Finkelman, *American Legal History*, pp.35, 189, 212, 213.

"我们是生而自由的,而且从未签订任何契约或协议放弃上帝的这项恩赐。"①这份申诉可以视为黑人的《人权宣言》。

按当时美国学者的解释,"种族"(race)一词与其说是一种科学的定义,倒不如说是一种社会学意义上的分类。这种分类是建立在不同的价值评判的基础上的。②这种人种外表特征方面的差异,诸如肤色、毛发的颜色与构造,尤其是面部特征的不同,在美国却演变成为一个种族歧视另一个种族的重要依据。

美国独立两百多年来,种族歧视尤其是对黑人的歧视一直是困扰美国社会的一大难题。虽然情况正逐渐好转,但种族歧视的阴影至今仍未消除。这意味着包括黑人在内的美国少数民族争取平等权利的斗争依然任重而道远。

值得注意的是,在争取平等权利的过程中,美国黑人在很大程度上注意充分运用法律手段捍卫自己正当、合法的权益。尽管并非每一次都能大获全胜,有时甚至遭遇极不公正的司法判决,但却因此动摇了种族歧视的根基,引起了越来越多的包括美国白人在内的民众的关注、理解乃至鼓励与支持。仅此一点,即是不无意义的。

应当说,按照洛克、孟德斯鸠等人设计并经由汉密尔顿等人发展起来的"三权分立,相互制衡"的原则在美国社会的政治生活中获得了较好的运用,而其中司法权的相对独立与强大,对美国的种族歧视问题在某种程度上具有绝对性的影响。③本文的德雷德诉桑福德案(1857)以及后来的普莱西诉弗格森案(1896)、布朗诉托皮卡教育委员会案(1954)、加利福尼亚诉辛普森案(1994)等四个著名案例均可证实这一点,尤其是美国联邦最高法院作为美国"宪法方舟的捍卫者",作为"合众国的校长"(Schoolmaster of the Republic)更是发挥了权威作用。④我们可以看到,上述四个案例有三个就是由最高法院一锤定音的。

早在1834年,托克维尔在访问美国之后这样写道:"如果有人问我美国贵族在什么地方,我会毫不犹豫地回答……贵族就在法院和律师界……在美国发生

---

① [美]戴安娜·拉维奇编:《美国读本》(上),第39页。

② Virginia Cyrus, *Experiencing Race, Class, and Gender in the United States* (California: Mayfield Publishing Company, 1993), pp.11-12.

③ 王哲:《西方政治法律学说史》,北京大学出版社,1988,第245—254页。

④ William C. Louthan, *The United States Supreme Court: Lawmaking in the Third Branch of Government* (New Jersy: Prentice-Hall, Inc., 1991), p.1.

的未曾解决的问题，或早或晚，很少不会变成司法问题的。"一个世纪以后，英国工党人士哈罗德·拉斯基也说："联邦法院尤其是最高法院受到的尊敬远远超过它们对美国生活施加的影响。"①美国学者L.S.温伯格等人则将这种现象归结为"美国人对法律的依赖性"，即"最近一些年，美国人继续求助于法律系统来解决日益扩大范围的个人问题和社会问题。更特殊的是，美国人一直转向法院，而不是向着议会来解决"②。在谁将出任克林顿之后的美国总统一事相持不下时，亦请出美国法院裁决，就是最好不过的例证了。因此，谈到美国的种族歧视，美国法院尤其是联邦最高法院在其中是一个不可或缺、颇具影响力的角色。而多年来，美国法院正是运用自身的司法职权（如联邦最高法院的司法审查权），依据其价值判断和政治倾向，顺应或逆历史潮流而动，对包括种族歧视在内的个人和社会问题作出一系列或正确或有欠公允的裁决。总的趋势是，随着时代的进步，人们思想观念的变化，在进入20世纪中叶以来，美国法院尤其是联邦最高法院在种族歧视方面的案件中，毕竟朝着正确的方向前进了一大步，1954年布朗案的判决可谓一大转折和重要的标志。

在此必须指出，美国长期以来的种族歧视实为美国社会人权遗产的三大缺陷之一，其他两大缺陷为妇女长期无权和对印第安人的屠杀。③而造成这种令人遗憾的缺陷的原因，恐怕得追溯到1776年7月4日大陆会议通过的《独立宣言》——由于南方代表的反对，删去了杰斐逊对英王乔治三世允许在殖民地存在奴隶制和奴隶买卖的有力谴责。④而在1782年，法裔美国博物学家J. 赫克托·圣约翰·克雷夫科尔在其热情洋溢的《一个美国农民的信》中，在谈到美利坚这个新的民族时，不知何故，也未提及黑人与印第安人。⑤倒是一百多年前，托克维尔在访问美国时，注意到了美国境内的三个种族，即在知识、力量、生活享受上均属第一的白人以及他们之下的黑人和印第安人。对于蓄奴制，托

---

① [美]詹姆斯·M. 伯恩斯等：《民治政府》，陆震纶等译校，中国社会科学出版社，1996，第686—687页。
② [美]L.S. 温柏格等：《论法律文化和美国人对法律的依赖性》，潘汉典译，载《法学译丛》1987年第6期，第22页。
③ 刘杰：《美国与国际人权法》，上海社会科学院出版社，1996，第20页。
④ [美]戴安娜·拉维奇编：《美国读本》（上），第47页。
⑤ [美]戴安娜·拉维奇编：《美国读本》（上），第74—79页。

克维尔的观点是：它不是被奴隶所推翻，就是将被奴隶主所取消。①因此，在美国庆祝其联邦宪法（1787年颁布）诞生两百周年前夕，在一片赞誉声中，美国最高法院第一位黑人大法官舍古德·马歇尔（Thurgood Marshall）却在《种族与宪法》一文中对这部美国宪法提出了批评意见：宪法中所提及的"人"并不包括黑人奴隶；而妇女经过130年的努力，直到20世纪20年代才获得权利。他认为，这些遗漏是有意造成的。在文末，马歇尔写道：我将把业已问世两百年的宪法作为一个有生命力的文件来庆祝，这部宪法应包括人权法案及其他保护个人自由和人权的内容。②

美国社会对黑人的长期歧视的一个根源还在于一部分白人对黑人的偏见和误解，而这样的偏见和误解如病毒一样极为有害。譬如，有人认为黑人缺乏工作积极性和责任感，嗜好暴力，在工作和住房方面并无对黑人的歧视，等等。③而要消除这种错误观念尚待时日。这意味着黑人争取平等权利的斗争还需要一个长期、艰苦的过程。

客观地讲，从1856年斯科特案到现在，一百多年来，由于美国黑人长期不懈地努力、斗争，加上时代的发展、民权运动的高涨以及人权观念的兴起等因素的交互作用和影响，种族歧视的坚冰业已被打破，种族隔离之墙业已被推倒，德雷德·斯科特的后人"开始建设自己的新生活"④即为这方面的一个例子。但种族之间的误解和不信任的阴影依然存在，有的时候表现为白人警察对黑人青年的暴力（如1991年洛杉矶警察对黑人罗德尼·金的殴打⑤），以及在美国刑事审判制度中盛行的种族歧视等等；而有的时候则表现为在美国社会中，仅仅由于肤色的不同，资质相当的黑人与白人在就业、购物、租房等方面受到的待遇却存在巨大的差异。因此，有两位美国学者指出：从形式上看，美国的权利与自由体现在美国宪法及其修正案，特别是人权法案和内战后的修正案之中，而

---

① [法]托克维尔：《论美国的民主》(上卷)，董果良译，商务印书馆，1988，第368—423页。

② Bruce Stinebrickner (ed.), *American Government* 96/97 (Dushkin Publishing Group/Brown & Benchmark Publishers, 1996), pp.64-66.

③ Kurt Finsterbusch (ed.), *Sociology* 96/97 (Dushkin Publishing Group/Brown & Bench-mark Publishers), pp.138-139.

④ [美]托马斯·帕克主编：《开庭》，第13—21页。

⑤ Thomas E. Patterson, *The American Democracy* (New York: McGraw-Hill, Inc., 1994), p.174.

对其真正的享有却有赖于法院的判决、政府官员的行动以及争取民主的斗争。①

大法官霍姆斯（O. W. Holmes，1841—1935）曾经说过：法律是一面魔镜。从这面镜子里，我们不仅能看到我们自己的生活，而且能看到我们的前人的生活。②据此，通过以上几个著名案例，我们可以清楚了解美国社会对黑人的种族歧视的背景、成因及其对社会的负面影响。

1963年8月28日，二十多万美国人聚集在首都华盛顿，以和平集会的方式举行示威。在当天的演说中，黑人民权运动领袖小马丁·路德·金的演讲《我有一个梦》（*I Have a Dream*）尤其扣人心弦，至今读来仍然能感受到它的强大震撼力。③五十多年过去了，金的"梦"部分已然实现，而有些部分则依然是一个梦。

五、思考题

（1）如何看待德雷德·斯科特案？该案对于美国社会以及美国最高法院有何负面影响？

（2）你认为该案是美国内战的导火索吗？为什么？

---

① Edward S. Greenberg, Benjamin I. Page, *The Struggle for Democracy* (New York: Harper Collins College Publishers, 1993), p.700.
② ［美］伯纳德·施瓦茨：《美国法律史》，第4页。
③ ［美］戴安娜·拉维奇编：《美国读本》（上），第769—774页。

第十一章 法兰西诉巴赞元帅案：

普法战争失败的牺牲品

（法国，1873 年）

引 言

> 法国输掉了这场战争,剩下的是如何为将来的重新开始做准备。巴赞为什么要忍受如此的屈辱呢?身为一名职业军人,本身他就准备好了迎接战死疆场,马革裹尸的命运,这对他个人并不难。但法兰西还要继续存在,法兰西还有明天。除了粗暴的指责,一味归咎,还有谁去理解过元帅的心情呢?
>
> 政治诉讼案的可悲之处在于,今日的罪犯可能成为明日的英雄。他受刑的地方,以后将成为瞻仰他的圣地。
>
> ——巴赞元帅的辩护律师拉肖的辩护词
>
> 我胸中只有两个词:荣誉和祖国。在我的军事生涯中,她们一直在指引着我。在为法国光荣服务的42年间,不论是梅斯或别的地方,我从来没有忘记这个崇高的座右铭!
>
> ——巴赞元帅在庭审的最后,应庭长的要求所做的发言[①]

一、案件由来

弗朗索瓦·阿希尔·巴赞(Francois Achille Bazaine,1811—1888),法国元帅。1831年3月应征进入第37步兵团服役。1832年进入外籍军团。先后参加了第一次卡洛斯战争(1833—1840,西班牙王位争夺战)、克里米亚战争、索尔费里诺战役(法国-撒丁对奥战争)、法墨战争等,1864年晋升元帅。1870年,普法战争爆发时,巴赞任法军第三军团司令、指挥法军右翼的二、三、四军。边境交战的失败迫使他向沙隆退却,当时拿破仑三世后撤,巴赞被提升为事实上的法军总司令,只是没有参谋部而已。8月14日在博尔纳的一次战斗中

---

① 参见叶童《世界著名律师的生死之战》,中国法制出版社,1996,第306—330页。

负伤，8月16日在马斯拉图尔进行了一些非决定性的战斗。但他既没有支援弗朗索瓦·塞尔坦·康罗贝尔元帅的第六军，也未能向西突围，而是撤至工事坚固的梅斯要塞，随后即被普鲁士王子腓特烈·卡尔亲王的大军紧紧包围住，后被迫率军投降。

普法战争失败，法兰西第二帝国的皇帝拿破仑三世（1808—1873）当然应当承担主要责任。但这位在色当战役中做了俘虏的皇帝流亡英国后，已经一命归西。剩下的就是这位巴赞元帅，他不仅在梅斯投降，而且，在第二帝国灭亡后，让俾斯麦占了便宜。虽然，败军之将不足言勇，但巴赞元帅认为自己已经尽了最大努力。挽回名声的方法只有诉诸法律，让军事法庭来调查事实真相。因此，巴赞将自己的想法和要求告诉了战争部长西塞将军。很多人正求之不得，早就有人想审判巴赞。

战争部长向议会递交了一项提案，建议成立一个战争委员会来审理巴赞的案子。不过，要审判一位元帅并非易事。按法国军事法律规定，审判一名元帅，必须有四名元帅和三名将军组成军事法庭，由一名元帅任庭长。最后，路易·菲利普的儿子，少将奥马尔公爵同意领导战争委员会，人们最终也找到了所需法官。先进行预审，审理的时间约一年半，大约有220人出庭作证。[1]

二、审理过程、结果

预审中，证人观点不尽一致。有些人认为，巴赞的投降可以理解，在情理之中。被围困于梅斯的法军在人数众多、装备精良的普军打击下确实难以支撑。当时，法军已经筋疲力尽，食不果腹。仅投降那天，就有两万法军丧失战斗力。巴赞确实是无路可走，只得选择投降，这在法国的军法中也是允许的。

但是，抨击巴赞的人却不这么认为。他们首先指控他在指挥大规模的军事行动方面技艺平平，漏洞甚多，这是否意味着有叛变之嫌？

此外，他在被俘后，曾征得俾斯麦的同意，见到了自己年轻的墨西哥妻子，

---

[1] 参见叶童《世界著名律师的生死之战》，第307—309页。

并去了威廉城堡。当时，身为战俘的拿破仑三世也在这座城堡，正和前皇后欧仁妮以及俾斯麦的密使雷尼埃一道暗中策划反对刚成立的法兰西第三共和国的阴谋。人们怀疑巴赞也参与了这一阴谋。

意识到公诉方会指控自己有叛国罪，巴赞求助于当时法国著名的律师拉肖先生，后者接受了他的委托。

1873年10月6日，经过一年的预审，法兰西诉巴赞一案正式拉开帷幕。

第一阶段的辩论，被告方竭力证明：巴赞元帅面临许多客观的不利因素，这影响了他的部队突围以及与麦克马洪的援军会合。

经过漫长的辩论和听证，对巴赞元帅的审判终于进入人们急不可耐的审判阶段。巴黎的大小报纸纷纷使用异乎寻常的谨慎言词预测审判的最终结果。虽然政府方面明显占据上风，但人们对于拉肖律师的个人能力不敢小视。

1873年12月3日，政府特派员布尔塞将军开始宣读正式的起诉书。在这份相当长的起诉书里，布尔塞将军首先追溯巴赞在战争初期的种种错误，猛烈抨击他的懒散、不负责任和指挥上的无能。作为结束语，政府特派员要求对巴赞元帅执行军法第209、210款，即判处死刑并革除军职。

当然，巴赞最终并未被处死，而是被改判20年徒刑，他也并未被解除军职。但是，作为曾经声名显赫的元帅，他最终在越狱后穷困潦倒而死。[①]

三、案件点评

法兰西诉巴赞元帅"叛国案"与1870年的普法战争联系紧密。这场争夺欧洲霸权的战争，以法国惨败、割让阿尔萨斯和洛林等地以及赔款50亿法郎的惨痛代价告终，这是相当长的时间内法兰西民族难以释怀的伤痛。

普法战争法国大败，原因较多，大致可以归纳为：

1. 法国外交上的失败。西班牙王位继承问题成为法国不明智的选择，也是

---

① 后经当时的法国总统，另一个普法战争的降将麦克马洪元帅批准，减为20年徒刑，关押在圣-玛格丽特岛。1874年8月9日他越狱成功，先逃亡意大利，后逃亡西班牙。1888年在流亡中因贫困而死于马德里。参见叶童《世界著名律师的生死之战》，第309—330页。

法兰西第二帝国最终崩溃的导火索。大战之前，法国实际上处于孤立无援的境地——奥地利不敢援手、英俄意由于各种原因而怀恨法国。

2. 军事上的准备不足与侥幸心理。拿破仑三世想借助这场看起来并无十足把握的战争来挽救帝国的颓势，无异于孤注一掷或赌博。因此，战略上的失策和战术上的粗放以及参战双方的实力不对等、武器的使用不当等（例如，由于实行常备军制，法军实际参战人数20余万，普军采用普遍兵役制，人数则为法军的一倍以上；普军的克虏伯大炮杀伤力大，法军虽然当时已经制造出颇具杀伤力的机关枪，但或许出于保密目的，并没有很好地投入战场使用；普军每天推进速度可达25公里，法军则不足10公里），决定了这场战争的最终结局。[①]

3. 双方最高指挥员的智慧和决断。普军总参谋长老毛奇早在1868—1869年就已判断普法终有一战，且做好了颇为详尽的作战计划和对策。反观法国，临时抱佛脚式的计划以及从皇帝到元帅等指挥层的失误、犹豫不决等，最终使法国不得不蒙受巨大的耻辱和失利。

因此，如果说有人要为这场战争承担责任的话，第一责任人应为当时的法国皇帝拿破仑三世。

至于巴赞元帅，作为19世纪60年代一位能干、勇敢和富有进取精神的军人，在这场战争中，却表现出犹豫与平庸，特别是他未能全力突围。尽管他的行为严格来讲不构成叛国罪，但受到谴责和非难是理所当然的。[②]

四、知识点、重难点

1848年，拿破仑三世被选举为法国第二共和国总统。1851年12月2日凌晨，拿破仑三世发动政变，成为法国独裁者。1852年，拿破仑三世称帝，法国重新进入帝制时代。当然，客观地讲，拿破仑三世治下的第二帝国并非一无是处，

---

① 参见陈文海《法国史》，人民出版社，2004，第380—381页。关于普法战争的起因、演变过程（尤其是法军的仓促进攻、溃退和色当与梅斯被迫投降）及其结果等，另可参见项勇、王宇勋主编《108影响人类的重要战争》，第236—239页。

② https://baike.so.com/doc/3915633-4109646.html，访问日期：2019-04-07。

第十一章 法兰西诉巴赞元帅案：普法战争失败的牺牲品

其在许多方面（诸如经济、工业、金融、铁路建设、巴黎的重新建设、苏伊士运河的开凿方面）取得了引人注目的成就，但也不乏败笔（如外交方面、军事准备方面）。最终，在一场行家看来法国几乎注定失败的普法战争中，法兰西第二帝国崩溃。[①] 战争的失利可能引发人们的反思，有可能导致事后的追责或归罪。法兰西诉巴赞元帅案就是在普法战争之后不久产生的，该案产生的背景自然与战争中的指挥员责任联系在一起。而要审视指挥员是否存在过错，主要的标准就是相关的法律，特别是军事法律的规定。

就巴赞其人而言，他是一名从军多年的军人，经历过多次战役，也表现出了一名军人应有的勇敢和坚强，这也是为什么他能够迅速地从下层军官成长为独当一面的法军元帅的重要原因之一。

在这场法国几乎注定失败的战争中，巴赞元帅确实犯了众多错误，他的性格与个人能力决定了他在复杂的历史大舞台上只能成为牺牲品——先是成为假和谈的受害者，后来又成为普法战争失败的替罪羊。

如果说对于巴赞的指控成立的话，那么，很明显，不应该只是他一个人被指控。首先，拿破仑三世及其属下难逃其责。取代法兰西第二帝国的国防政府也与俾斯麦谈判，并最终签订了割地赔款的条约。如果说国防政府是出于无奈，那么，巴赞同样也是出于无奈。

真正可以用来断定巴赞是否有罪的东西是他谈判和投降的真实动机，即是否出于对自己有利的目的。颇具讽刺意味的是，巴赞及其律师拉肖都反复强调巴赞投降的唯一目的：保存一支军队来保护"受威胁的社会秩序"，后来竟真的实现了。当梯也尔残酷镇压巴黎公社革命时，他的士兵很多都来自这些投降后又被普鲁士放回的、因巴赞投降而保存的军队。[②]

当然，就具体情况而言，政府对巴赞的许多指控都言之有理。拉肖律师虽

[①] Mark Kishlansky, Patrick Geary and Patricia O'Brien, *The Unfinished Legacy: A Brief History of Western Civilization* (Volume II)(Harper Collins College Publishers, 1994), pp.685—687.

[②] 路易-阿道夫·梯也尔（Adolphe Thiers, 1797—1877），法国政治家、历史学家，奥尔良党人。早年当过律师和新闻记者。七月革命后，先后担任内阁大臣（1832年，1834—1836年）、首相（1836年）和外交大臣（1840年）之职。以后还担任过立宪议会议员、国民议会议员等职。1871—1873年，梯也尔担任法兰西第三共和国首任总统。在梯也尔的政治生涯中，他留给各国人民最深的印象是充当了残酷镇压巴黎公社的罪魁祸首。

然极力辩护，但巴赞不够尽职以及他所犯的致命错误是事实存在的。

五、思考题

（1）这是一场所谓的政治诉讼案吗？为什么？

（2）你认为巴赞对于梅斯一役的失败应否承担责任？他应当被判死刑吗？为什么？

（3）该案反映了当时法国社会什么样的心态？巴赞的行为是否构成"叛国罪"？

（4）假设巴赞固守梅斯或突围而去，会造成什么样的后果？

第十二章　女王诉达德利和斯蒂芬斯案：法律与道德的张力

(英国，1884年)

一、案件由来

英国游艇"木樨草号"(Mignonette)是一艘净重19.43吨长52英尺(16米)的观光游艇,建造于1867年。1883年,这艘游艇被澳大利亚的一位律师约翰·亨利·汪特(John Henry Want)买下作为自己休闲之用。

该游艇在1884年5月19日由英国南部的港口城市南安普顿起航,驶向澳大利亚的悉尼,游艇上共有四名船员:船长汤姆·达德利(Tom Dudley),船员埃德温·斯蒂芬斯(Edwin Stephens)、埃德蒙·布鲁克斯(Edmund Brooks)和服务生理查德·帕克(Richard Parker)。帕克只有17岁,是一个没有什么经验的新手。

1884年的7月5日,在航行过程中,该游艇在正常天气情况下,意外地遭遇风浪而下沉,在短短5分钟左右的时间内很快沉没,四名船员只好弃艇,逃到游艇的救生艇上(该救生艇仅13英尺,即4米长)。船员们抢救出来的除了必不可少的航海导航仪,此外就是两罐胡萝卜,连淡水都没有。

随后的日子极其艰难,尤其是食物和淡水极为缺乏。船员们先是用船桨赶走鲨鱼;抢出来的胡萝卜尽管在船长的安排下吃得很少、很慢,但还是在十天左右吃光了,只好以碰巧抓到的海龟作为食物,以海龟的血充作水分;最后,雨水也难以收集到了,船员们只好以自己的尿液充当水分。

到了大约7月20日,因为饮用海水,帕克病得很厉害,斯蒂芬斯的情况也不容乐观。

抓阄来决定牺牲其中一人以便挽救其他人的生命的提议,或许在7月16日或者17日就提了出来。但是,这一讨论直到7月23日或24日仍未得出最终的意见。大概就在7月24日,帕克已经陷入昏迷状态,达德利又将此事提了出来,认为他和斯蒂芬斯是有家有口的人,而帕克则必死无疑。第二天,达德利和斯蒂芬斯还是没有见到任何获救的希望,于是,在斯蒂芬斯的帮助下,达德利杀死了帕克。至于埃德蒙·布鲁克斯,知道达德利的计划后,曾经表示反对杀人。

此后,三人以帕克的尸体和血维持自己的生命,并设法以雨水充饥。

后来,三名船员被一艘德国的三桅帆船救起,并被送到英国。①

二、审判过程、结果

一开始,达德利和斯蒂芬斯还认为他们会受到《海事习俗》的保护。

但是,他们被送到英国后不久就被关押,并先后在英国的埃克塞特和位于伦敦的皇家法院受审。主审法官是赫德莱斯顿(Huddleston)和首席法官科尔里奇勋爵(Lord Coleridge)。

因为此案较为特殊,所以主审法官以及陪审团、控辩双方等均较为慎重。根据赫德莱斯顿的描述意见,控辩双方对于此案的事实部分并无异议。

以首席法官科尔里奇勋爵为首的法官们最终认为,对于此案二名被告的谋杀指控,无论是从法律先例还是从道德和伦理的角度,均缺乏普通法上对于谋杀罪指控的紧急避险状态的抗辩理由。因此,法院认定二名被告的谋杀罪成立,进而判处其死刑。当然,被告最终经过英国女王维多利亚的赦免,改为6个月监禁。②

三、案件点评

这是一起在颇为特殊的情况下发生的杀人案,二名被告的杀人行为似乎是为了以较小的牺牲挽救自己和他人的生命。

此案的情况之所以说特殊,就在于沉船事件之后,被告人一方在几乎穷尽了所有的自救方法后,采取了一种迫不得已的方法。但是,这种行为是否具有合法性,则颇具争议。

---

① R v Dudley and Stephens, http://en.wikipedia.org/wiki/R_v_Dudley_and_Stephens,访问日期:2014-5-25。关于此案的详细介绍和研究,可参见[英]A.W.布莱恩·辛普森《同类相食与普通法——"木樨草号"悲剧性的最后一次航程及其所引发的奇特法律程序》,韩阳译,商务印书馆,2012。

② 参见[美]博西格诺等《法律之门》,邓子滨译,华夏出版社,2002,第42—50页。

或许，首席法官科尔里奇勋爵代表皇家法院做出的审判意见更有代表性："……本案杀人行为的诱因并不是法律所称的紧急避险状态。虽然法律和道德不同，且许多不道德的事情不一定是非法的。但是，法律绝对地与道德相分离将导致致命的后果：如果本案的谋杀诱因被法律认可为一种绝对的辩护理由，则法律与道德的分离将随之而至。事实并非如此。保持一个人的生命总的来说是一种义务，但牺牲生命可能是最朴素、最高尚的义务……但是，一个人没有权利主张诱因是一种犯罪借口，尽管他可能屈从于这种诱因；也不允许为了同情犯罪人而以任何方式改变或削弱犯罪的定义。因此我们的义务是，宣布本案在押人的行为是蓄意的谋杀；裁决中所陈述的事实不是杀人的正当理由；一致同意，依这一特殊裁决而在押的人，构成谋杀罪。"①

四、知识点、重难点

"如果一个人为了生存而'必须'杀死另一个人，法律会允许这样的行为吗？"②这是多年以后，英国学者A.W.布莱恩·辛普森在他的专著《同类相食与普通法》一书中提出的一个颇为尖锐的问题。这一问题，估计不仅在案发当时，不仅在今天，而且在今后也值得讨论和面对。

据说，美国的许多学生在阅读了此案例后，既同意科尔里奇勋爵的判决意见，又同意英国女王维多利亚将量刑减为6个月的监禁。③这种看似矛盾的观点，实则说明此案确实复杂。在情理与法理之间，在法律与道德之间，这一案例给我们提供了极为充分的张力和想象空间。对于法官来说，这也是一桩棘手的案件。

我们认为，这一案件之所以成为英美法的一个著名的经典案例，除了其发生的环境的特殊性，还在于其中法律与世道人心之间的冲突等。即便是在案件审理的当时，公众舆论也并非一致和稳定不变。

---

① 参见［美］博西格诺等《法律之门》，第44—50页。
② 参见［英］A.W.布莱恩·辛普森《同类相食与普通法》，第4页。
③ 参见［美］博西格诺等《法律之门》，第50页。

按照当代美国学者的看法,该判决是在先例、司法裁量和价值两难的交叉点上优先选择某一规则的结果。①

五、思考题

(1) 此案具有什么样的特殊性?

(2) 你赞同科尔里奇勋爵的判决意见吗?为什么?

(3) 试述法律上的紧急避险。

---

① 参见［美］博西格诺等《法律之门》,第42页。

第十三章　太平洋海豹仲裁案：公海自由及其限制

(国际仲裁庭，1893 年)

一、案件由来

1821年，当阿拉斯加还属于俄国的时候，俄国曾禁止外国船舶驶进阿拉斯加海岸一百英里以内的区域。这一主张曾受到英美两国的反对，后来俄国放弃了上述主张。

1825年2月28日，英俄两国在圣彼得堡签订条约，条约第1条规定："双方同意，缔约双方的人民在统称为太平洋的那个大洋中的任何部分，无论是在航行，或在捕鱼，或在未占领的任何部分的海岸登陆以便和土著贸易，均不受扰乱和侵犯。"

1824年4月17日的美俄条约也有大致类似的条约。

1867年，美国从俄国手中购买了阿拉斯加及其附近岛屿。其中，一个名叫普利波利夫（Priboloff）的小岛是该海域太平洋海豹的主要繁殖地点。

1868—1873年，美国国会通过了一系列法案，禁止在普利波利夫岛及其附近海域捕杀太平洋海豹。英国渔船却在此期间于普利波利夫岛附近的公海海域不断截杀前往繁殖地的海豹。[①]

二、审理过程、结果

1881年，美国宣布其有权在3海里领域以外采取行动，保护前往本国领土的海豹，并开始阻扰英国渔船的捕捞作业。随即，英美两国开始双边磋商，英国以公海捕鱼自由原则为由反对美国的做法。

在磋商无果的情况下，两国将争端提交给一个由英国、美国、法国、意大利和瑞典组成的国际仲裁庭。

1893年，该国际仲裁庭最终支持了英国的主张，认为美国对处于公海领域

[①] 参见黄锡生等编著《环境与资源保护法学典型案例解析》，重庆大学出版社，2010，第313—314页。

内的海豹没有保护权或财产权。但是，仲裁庭同时也规定了一些有关保护公海海豹资源的措施，如对季节、捕猎方式和捕猎工具的规定等。①

三、案件点评

公海捕鱼自由是一项仅次于航行自由的传统公海自由原则。依照1982年《联合国海洋法公约》的规定，公海捕鱼自由是指在国际法的限制下，国家及其国民都有权在公海上自由捕鱼，而不受其他国家的阻碍，公海渔业对一切国家开放。

除了1982年《联合国海洋法公约》的规定，1958年《捕鱼及养护公海生物资源公约》等一系列其他国际公约都规定，所有国家均有令其国民在公海上捕鱼的权利。

公海捕鱼自由原则的自然法依据在今天看来难以成立，但在数百年以前却被认为是很好理解的：对于任何人可以无害地使用并且也足够全人类使用的事物，大自然不给予任何人以据为己有的权利。很显然，对当时的人们来说，海洋中的渔业资源就是这样一种"事物"，并因此形成了"公海捕鱼自由"的原始含义。

而早在17世纪下半叶，所有国家的船舶都可以自由航行于公海的所有部分。但是，当时的"公海自由"的概念仅限于"航行自由"的范畴。荷兰在公海上推行航行和捕鱼自由的原则。1689年，荷兰执政奥兰治的威廉②登上英国王位后，英国与荷兰之间的渔业纠纷平息，荷兰获得了捕鱼权。这些实例以及日后丰富的国际实践都可以充分证明"公海捕鱼自由"原则作为国际习惯法的存在。

格劳秀斯在《论海洋自由》中将公海自由与航行自由结合起来。他认为，

---

① 参见黄锡生等编著《环境与资源保护法学典型案例解析》，第313—314页。
② 奥兰治的威廉：英格兰的威廉三世（William III，1650—1702），即苏格兰的威廉二世、奥兰治的威廉亲王，奥兰治亲王、荷兰执政、英国国王。参见钱乘旦、许洁明《英国通史》，上海社会科学院出版社，2002，第183—186页。

"适用于航行自由的那些原则也同样适用于渔业自由,也即捕鱼对所有的人是自由开放的";"如果某人意图禁止别人在海上捕鱼,他肯定难逃贪婪成性的指责";同样,"一国的臣民对自己的国王交纳渔业税,但这并不能影响海洋自身和渔业"。①

在1958年的《公海公约》中,公海自由的具体内容得到了明确具体的规定,即四项基本自由:航行自由、捕鱼自由、铺设海底电缆和管道的自由以及公海上空飞行的自由。

1982年《联合国海洋法公约》在1958年的《公海公约》的基础上又增加了两项:建造国际法允许的人工岛屿和其他设施的自由以及科学研究的自由。由此,经过几百年的发展和巩固,公海捕鱼自由逐渐成为现代国际海洋法的一项基本原则,同时也成为国际习惯法的一部分。

1881年发生在英美两国之间的这一案件对于公海捕鱼自由原则的发展具有非常重要的作用,它使"公海自由的渔业在表面上确定无疑。"在本案中,由于美国逮捕在美国领海以外的白令海上猎捕海豹的英国船舶,英美两国发生争议,英国以传统的"公海自由"原则反对美国的这一做法。仲裁庭正是依据"公海自由"原则裁定美国对其领海以外地区的海豹不具有管辖权,并否定了美国关于它有权作为"人类共同利益"的受托管理人而对处于其领海之外的海豹行使保护权的主张。

值得注意的是,在本案中,仲裁庭虽然依据"公海自由"原则裁定,但为了保护太平洋海豹的种群和数量,以免其因遭滥捕滥猎而绝种,还规定了一系列专门措施,如对禁猎季节、捕猎方法和捕猎工具等做了一些规定。由此可见,该案不仅正面肯定了"公海自由"原则,而且揭示了"公海捕鱼自由"和"为实施养护规则而进行必要的限制"这对矛盾。这对矛盾实质上反映了在公海上

---

① 格劳秀斯(1583—1645),出生于荷兰,被后人誉为"国际法之父"或"近现代国际法思想之父",其主要代表作有《战争与和平法》(发表于1625年,中译本见[荷]格劳秀斯《战争与和平法》,[美]A.C.坎贝尔英译,何勤华等译,上海人民出版社,2005)、《论海洋自由》(1608年匿名发表)等。《论海洋自由》共13章,其中心论题就是"海洋自由",即海洋是不能占有的,不属于任何国家的主权,任何国家不能加以控制,它对不同民族、不同的人,乃至对地球上所有的人,都应当是公开的、自由的,每个人都可以在海上进行自由航行和自由贸易。见[荷]格劳秀斯《论海洋自由或荷兰参与东印度公司贸易的权利》,马忠法译,张乃根校,上海人民出版社,2005。

实施捕捞活动的国家和邻近沿海国家的利益冲突，也在一定程度上改变了"公海捕鱼自由"的含义。①

四、知识点、重难点

虽然至少在19世纪末或20世纪初之前，国际海洋开发对于公海捕鱼自由倾向于不施加过多的限制。但本案的重要性体现在三个方面：第一，其深刻地揭示了在国家主权之外的海域内，保护海洋自然资源的固有困难；第二，该案的裁决体现了早期国际法保护人类共享的资源的法律制度；第三，该案也表明了国际法庭或仲裁机构在和平解决国际争端、推动国际法发展方面的重要作用。虽然对于公海捕鱼自由原则的限制少，并且效力有限，但本案作为开端，加上其后1945年联合国粮农组织（FAO）的建立、1958年《公海公约》的签署等一系列事件，国际法对于公海捕鱼自由原则的限制迅速增多，约束力也大大增强。②

因此，至少从17世纪以来，从最初的公海航行自由、公海捕鱼自由到后来的公海铺设海底电缆及管道的自由、公海上空的飞行自由、公海上建造人工岛屿和科学研究的自由等，公海自由经历了一个逐渐丰富和发展的过程。就我们看到的这个产生于19世纪末的英美两国之间的太平洋海豹案而言，其意义在于争议双方并未寻求以战争或其他暴力手段解决纠纷，而是在双方均能接受的前提下，将纠纷提交给一个国际仲裁法庭进行仲裁，这种通过法律的途径化解矛盾的方法首先即值得称道。当然，同样值得肯定的是，上述国际仲裁法庭没有辜负对其的信赖，做出了双方乐于接受的仲裁，从而为国际法的发展贡献甚力。

---

① 参见黄锡生等编著《环境与资源保护法学典型案例解析》，第314—315页。
② 参见黄锡生等编著《环境与资源保护法学典型案例解析》，第315页。

五、思考题

（1）什么是公海捕鱼自由原则？

（2）20世纪以来，对公海捕鱼自由原则有哪些限制？

第十四章　德雷福斯案："我控诉！"

(法国，1894 年)

一、案件由来

1894年9月,法国陆军部情报处获得一份证据,表明有人向德国出卖法国军事情报。证据开列了5份文件的清单,但是既无寄信人落款,也无日期。① 当时的法国军队排犹情绪激烈,情报处副处长亨利少校仅仅因为总参谋部见习参谋阿尔弗莱德·德雷福斯(1859—1935)是犹太人,就以笔迹相似认定他是罪犯。陆军部的其他一些军官质疑这一指控,于是,只好由专家来鉴定笔迹。但是,法兰西银行笔迹专家和警察厅罪犯人体检测处负责人结论截然相反。②

在如此证据不足的情况下,陆军部长梅西埃滥用职权,于10月15日下令以间谍罪和叛国罪逮捕德雷福斯并秘密单独关押达7个星期之久。关押期间,德雷福斯受到刑讯逼供。③

二、审理过程、结果

审判前,新闻界获得了非法泄露的消息,以德律蒙《自由言论报》为代表的极端排犹主义者借机大肆散布并进而掀起排犹主义浪潮。12月19日,虽然辩护律师强烈反对,军事法庭依然冒天下之大不韪,对德雷福斯进行秘密审判;22日,军事法庭在毫无证据的情况下,以莫须有罪名判处德雷福斯无期徒刑并且革除军籍。转年4月,德雷福斯被押送到法属圭亚那附近的魔鬼岛服刑,他不断上书要求重审,亲属四处奔走鸣冤,但是毫无结果。④

1896年3月,新任陆军部情报处处长皮卡尔,截获一封后来称之为"蓝皮急件"的信件,信件来自德国大使馆武官冯·施瓦兹考苯上校,收件人为总参

---

① 参见[法]勒内·弗洛里奥《错案》,赵淑美、张洪竹译,法律出版社,2013,第162—166页。
② 参见萧瀚《法槌十七声:西方名案沉思录》,法律出版社,2007,第4页。
③ 参见萧瀚《法槌十七声》,第4页。
④ 参见萧瀚《法槌十七声》,第4页。

谋部的艾斯特拉齐少校。从信的内容看，正是这位艾斯特拉齐少校向德国大使馆的冯·施瓦兹考苯上校提供了情报，这也是他们二人之间最后的一次交易。①

皮卡尔处长怀疑这封信件与两年前的那份清单出自同一人之手，为慎重起见，他将两者字体进行了对比，结果惊人：字迹太相像了！曾经作为陆军部的观察员参与过德雷福斯案件诉讼的皮卡尔开始了对其他证据的调查，他惊讶地发现，提交给法庭的指控德雷福斯有罪的证据不是一些毫无意义的空文，就是与之无关的材料。能够使得德雷福斯被判有罪的证据就只有前述那份"清单"了，这是公诉方所能依靠的唯一证据，而这份证据现在却指向艾斯特拉齐少校。②

于是，皮卡尔向负责处理此案的贡斯将军汇报，希望重审德雷福斯案件。但是，贡斯为了维护军方面子不愿重审，并且劝说皮卡尔不要说出实情。"有人"为掩盖此案的真相，先将皮卡尔派往法国东部出差，后将其调往突尼斯的苏塞省狙击部队第四团任职。为了混淆视听，亨利极力诋毁皮卡尔，指责其包庇德雷福斯，炮制了许多东西，特别是那个"蓝皮急件"。皮卡尔得知上述情况后，迅速请求休假，赶回巴黎，将此事告诉了他的老朋友勒布卢瓦律师。于是消息迅速传播。通过接触，亨利和迪·帕蒂·德·克朗少校认定艾斯特拉齐才是真正的叛徒。但是，出于掩盖事实真相的目的，这三个人居然心照不宣地要将这桩冤案坐实。此时，德雷福斯的妻子、弟弟等人也在为冤案的昭雪奔走。德雷福斯的妻子在请教了欧洲的一些最著名的笔迹专家之后，确信"清单"不是德雷福斯所写。一个名叫贝尔那·拉扎尔发表的小册子再次转印了"清单"，银行家卡斯特罗买到小册子，立即认出他的老主顾艾斯特拉齐的字体，消息不胫而走。元老院资深议员舍雷·凯斯特内纳事先从勒布卢瓦律师那里获知真相后，首先公开支持德雷福斯，德雷福斯的弟弟马蒂厄·德雷福斯给陆军部长写了一封信，告发了艾斯特拉齐，并将这封信公之于众。受命重新调查此案的佩里厄将军因为受亨利伪造的证据的欺骗，认为皮卡尔受雇于犹太人。但是，此次调查也发现艾斯特拉齐糟糕的私生活（与一个妓女同居过）、负债累累、他

---

① 参见［法］勒内·弗洛里奥《错案》，第167—168页。
② 参见［法］勒内·弗洛里奥《错案》，第168页。

第十四章 德雷福斯案："我控诉！"

过去的一些情人公开了他的一些信件，这些信件显示这位"第十代军人"其实是一个对于法兰西民族和法国军队的未来不抱希望的人。但是，梅利纳总理还要继续掩盖此案，在军事法庭预审开始的那天，断然宣称不存在德雷福斯冤案。在这样的背景下，军方更加肆无忌惮，公然宣判艾斯特拉齐无罪释放。①

艾斯特拉齐被释放后不久，著名作家左拉在《震旦报》上发表致共和国总统的公开信，克雷孟梭②给它冠以大字标题《我控诉！》。左拉的这封公开信猛烈抨击军方的梅西埃将军、贡斯将军、佩里厄将军、迪·帕蒂·德·克朗等人以及艾斯特拉齐一案中的三个鉴定人，指控第一军事法庭（即审判德雷福斯的法庭）根据秘密文件判处德雷福斯有罪是违法的，指控第二军事法庭（审讯艾斯特拉齐的法庭）奉命故意放走真正的罪犯。③

左拉的公开信不亚于一枚重磅炸弹，当时的法国政府的应对之策就是对左拉提起其针对第二法庭的指责的起诉，其目的是竭力掩盖德雷福斯案的真相。左拉再次发出一封公开信表示强烈抗议，但是，法国政府决意对其进行审判。所以，在庭审过程中，每当左拉的律师拉博利提到涉及德雷福斯案的时候，均被庭长以"不涉及这个问题"为由挡回。由于担心法国参谋部陷入丑闻而辞职，德国人会利用这种机会不利于法国，进退两难的陪审团最终裁决左拉一年监禁。④

1898年6月30日，阻挠重审的梅利纳内阁下台，主张重审的布里松组阁。但是新内阁的陆军部长卡芬雅克仍然偏袒军方，他决定既打击艾斯特拉齐又阻挠重审派。7月7日，皮卡尔与艾斯特拉齐同时被捕，但是艾斯特拉齐居然再次被无罪释放。卡芬雅克还为了证明德雷福斯有罪而伪造三份证据，并且大量印发，在大街小巷张贴。同时他还向最高法院秘密拟定包括左拉、克雷孟梭、饶

---

① 参见［法］勒内·弗洛里奥《错案》，第168—175页。
② 克雷孟梭（1841—1929）是现代法国有影响的资产阶级政治活动家之一。在里博内阁和潘勒韦内阁危机深重之时，克雷孟梭利用各种丑闻和叛卖事件攻击政敌。他指控内政部长马尔维为"内奸"，马尔维被迫辞职。前总统卡约也被指控为"内奸"，说他与中立的或敌对的一方进行"和平谈判"。潘勒韦内阁威信扫地，困难重重，几度向总统普恩加莱提出辞职。面对深刻的政治危机，法国垄断资产阶级要求建立公开的军事专政。1917年11月16日，总统普恩加莱叫激进党领袖、"老虎"克雷孟梭组阁。克雷孟梭任总理兼陆军部长，内阁由14个部长和9个副国务秘书组成，其中激进党人就占9个部长职位。
③ 参见［法］勒内·弗洛里奥《错案》，第175页。
④ 参见［法］勒内·弗洛里奥《错案》，第175—176页。

勒斯等在内的建议审判名单。左拉再次被判刑而不得不流亡英国。①

重审派并未屈服。皮卡尔揭发了亨利的阴谋,饶勒斯②发表文章质疑所谓的证据。8月30日,亨利不得不承认三个证据中唯一能够证明德雷福斯有罪的证据是他伪造的。③亨利入狱第二天就在监狱中割喉自杀,这对反德雷福斯派造成了致命的一击,艾斯特拉齐畏罪潜逃至英国,总参谋长布瓦代夫和陆军部长卡芬雅克被迫辞职。④虽然反德雷福斯派大势已去,但是他们并不甘心失败,不断制造事端挑唆反犹排犹,并且有挑起内战的威胁。1899年6月,新的共和派内阁上台,解除了反对重审德雷福斯案件的将军的职务,并且采取一系列措施消除国内骚乱。⑤

1899年9月9日,雷恩军事法庭为了维护军队面子计,以5比2的多数通过德雷福斯的有罪判决(将终身监禁改为10年有期徒刑)。这一判决引起了全世界20多个国家有正义感人们的公愤,迫于形势,卢贝总统对德雷福斯实行特赦。尽管克雷孟梭坚决反对而要继续作无罪判决的努力,但是,德雷福斯不愿意连累他人,违心地接受了特赦。1903年,德雷福斯在饶勒斯的支持下又一次要求重审。直到1906年7月,最高法院才判决德雷福斯无罪,授予其荣誉勋章并且恢复军职。皮卡尔晋升为将军,后来出任克雷孟梭内阁的陆军部长。经过12年的马拉松式斗争,正义最终战胜了邪恶。但是,本案的真正罪犯却没有得

---

① 参见萧瀚《法槌十七声》,第5—6页。
② 让·饶勒斯(1859—1914),法国经济学家。作为一个坚定的共和党人和民主主义者,他曾积极地为德雷福斯辩护并投身于政教分离运动。饶勒斯是一位十分爱国的法国人,他曾经拟定一个军事改革计划,于1910年发表,这项改革以普遍的、短期的服役为基础,旨在使军队更有效率和更加民主。他还是一位雄辩的和平维护者,对第二国际抱有很大的信心,把它看作是中流砥柱。1914年战争临近时,他呼吁遏制战争,7月31日被一个民族主义狂热分子所暗杀。
③ 伪证的发现者是卡芬雅克指定的调查人居涅上尉,他在灯光下发现亨利伪造的证据。亨利自杀后,他的遗孀收到一万五千名捐赠者的捐赠,共计十三万一千金法郎。法国最高法院刑庭的法官经过调查和验证,发现德雷福斯案的证据由最初的4件,猛增到374件。参见[法]勒内·弗洛里奥《错案》,第177页。
④ 这期间,法国陆军部先后有五位部长辞职。参见[法]勒内·弗洛里奥《错案》,第177页。
⑤ 参见萧瀚《法槌十七声》,第6页。

到惩罚，逃脱了法律的制裁。①

三、案件点评

德雷福斯案是近代法国乃至世界上著名的一桩冤案，该案引发人们深思的地方甚多。

首先，就一般人的理解而言，一桩案件的审判是否体现正义或经得起推敲，相关证据无疑在里面起到决定性的作用。例如，我们熟悉的O. J. 辛普森案（美国，1995）。

反观德雷福斯案，当时的法国军方相关负责人以及抱有排犹情绪的政府高官等，胡乱处置证据甚至不惜捏造所谓的证据，已经到了令人发指的地步。因此，德雷福斯案最终被人为地办成了冤案也就不足为奇。

第二，这一冤案的形成，人为的原因很多，主要牵涉到普法战争后，法国国内一小部分人的排犹狂热、狭隘的民族主义和爱国主义以及法国军队、政府中一小撮身居要职者的素质低下等。例如，这起冤案的始作俑者应该是法国当时的陆军部长梅西埃，这位一直是"无能多于功绩"的将军急于求成的心态与冤案的形成关系甚大。②

第三，此案审判的过程同样值得我们注意——冤案的形成往往与不正当的程序联系在一起。例如，此案中的军事法庭所采用的刑讯逼供等非法手段。

第四，此案也告诉我们，在面对一部分人别有用心地动用强大的国家机器，意欲将某个公民置于死地或不利境地的时候，该公民实难获得应有的法律救济。

---

① 参见萧瀚《法槌十七声》。
受赦免意味着什么？
受赦免事实上就意味着自己并不清白。所以，在饶勒斯的鼓励下，德雷福斯在1903年再次要求重审。1906年，法庭最终还他清白。议会通过投票表决，恢复了德雷福斯的军职，并授予他少校军衔。由于身体不好且无望晋职，德雷福斯于次年退役。一战爆发后，德雷福斯重新参军，作战勇敢，战后再次退役，1935年在平安中离世。1998年1月13号，在纪念《我控诉！》发表100周年活动上，希拉克总统代表共和国向德雷福斯和左拉的后代正式表示道歉。参见陈文海《法国史》，人民出版社，2004，第416页。

② 参见［法］勒内·弗洛里奥《错案》，第163页。

因此，适当地限制公权力，将其限定在合理、合法、适度的范围内，依然是21世纪的今天，我们需要面对的一个极为重要的现实问题。

德雷福斯案最终之所以被纠正（尽管还有一些缺憾例如，制造冤案的梅西埃、贡斯等人被法国议会通过的一项大赦宽恕了），主要的原因可能是一部分有良知的法国优秀知识分子的不懈努力，例如在报刊上大声疾呼的左拉，为此案的平反昭雪的克雷孟梭、饶勒斯等人。

当然，蒙受冤屈的德雷福斯本人以及他的家人的不屈不挠、坚持不懈的精神和举动也同样赢得人们尊重。

四、知识点、重难点

关于德雷福斯案，国内有学者认为，也许所有对历史有重大影响的事件都可以从比它更早的历史传统中寻找到部分依据，甚至主要原因。法国人在德雷福斯事件中表现出来的正义与邪恶的较量似乎也难以例外。

德雷福斯案件作为冤案，不是偶然的，而且不可能是偶然的。它是排犹民族主义、君主专制主义以及教权主义共同作用之下的产物。[①]

这一案件本身案情其实并不复杂难辨，其关键的证据就在于对有嫌疑者的笔迹的鉴定。不巧的是，两份鉴定结论产生了矛盾。而且，更不巧的是，经过事后的比对，德雷福斯与真正的嫌疑人艾斯特拉奇少校的笔迹竟然惊人地相似。但不管怎么说，相关证据是存疑的，理应慎重对待，更不可以先入为主甚至仅仅因为德雷福斯是一个犹太人，就随意制造冤案。

面对强大的国家机器以及一些别有用心者的陷害，被迫害的当事人往往会处于孤立无援、束手无策的境地。所以，为了防止冤假错案的发生，在刑事案件的审理过程中，对于被告一方，我们应当给予更多的保护性规定。

同样，德雷福斯案产生的背景值得思考。普法战争之后，德法两国之间的对立或紧张关系是此案产生的重要原因——敌对的双方均在使用种种手段，意

---

① 参见萧瀚《法槌十七声》，第8页。

在打击对方,使用间谍就是手段之一。在这样的特殊历史环境中,很难指望当时的法国政府和军方高层理性、公正地处理德雷福斯案。所以,这一实则并不复杂的案件,由于掺杂了太多的其他因素,而变得复杂,最终演变成一个政治案件。这也说明,在本应依据法律进行处理的时候,如果不依据正常的法律规定和法律程序,则可能造成无法控制的悲剧。

所幸的是,案件的最终结果虽然不尽如人意,但还是给人一个比较光明的结局。而这一切有赖于包括左拉在内的有良知、有勇气的法国知识分子以及被害人德雷福斯及其家人等的不懈努力。富有正义感的法国新闻媒体尤其是《震旦报》的作用自然不容忽视。

五、思考题

(1)德雷福斯案产生的背景是什么?

(2)该案最终获得平反的原因是什么?

(3)这一案件给我们什么样的启示?

第十五章 普莱西诉弗格森案：种族隔离原则的确立

(美国，1896年)

一、案件由来

1892年6月7日,荷马·阿道夫·普莱西(Homer Adolph Plessy)购买了一张离开新奥尔良(路易斯安那州最大的城市)的火车票。普莱西是一位肤色较浅的黑人,有八分之一黑人血统、八分之七白人血统。按照路易斯安那州的法律,他算一个黑人,只能坐"有色人种"车厢。

普莱西坐在了"仅供白人"(white only)的车厢,当乘务员要求他起身到"有色人种"(colored)车厢时,他拒绝了,于是立即遭到逮捕。

二、审理过程、结果

审理普莱西案的是位于新奥尔良的联邦地方法院的法官约翰·弗格森(John H. Ferguson)。普莱西因为违反了1890年的一项法律而被判有罪,路易斯安那州法院维持了他的有罪判决。普莱西不服,诉至美国联邦最高法院。

1896年,最高法院作出的判决极大地影响了宪法第十四条修正案在司法实践中的运用,认可了"隔离但平等"(separate-but-equal)原则。直到1954年布朗诉教育委员会一案中,最高法院才开始清除该案带来的"不良"影响。[1]

三、案件点评

历时四年的美国内战(1861—1865)永久性地破坏了一度被普遍接受的各州主权理论(theory of state sovereignty),联邦至上的观点被固定下来。从法律上和理论上,林肯是一个伟大的解放者。实际上,联邦军队也应分享这一称号,

---

[1] John W. Johnson (ed.), *Historic U. S. Court Cases, 1690—1990: An Encyclopedia* (New York & London: Garland Publishing, 1992), pp.372-376.

因为通过武力，它给三百万奴隶带来了自由。在这支军队中，有大约20万黑人，许多人此前不久还是奴隶。

当内战结束了有关各州主权的争论时，一种改头换面的州权学说（states' rights doctrine）死灰复燃。南方人不再鼓吹他们的州法至高无上，相反，他们游说国会和最高法院，使人们相信种族关系是联邦政府应当忽略的地方性问题。黑人们发现奴隶制已被一种新的压迫形式所取代，那就是隔离——具体表现为在公立学校和其他设施中的隔离和不平等，以及一种通过劳务偿债的经济上的束缚。因此，尽管在19世纪黑人获得了自由，但内战后宪法修正案所作出的承诺并未兑现。①普莱西诉弗格森案就是在这样的历史背景下产生的。

在反对此案判决的意见中，大法官约翰·马歇尔·哈伦（Justice John Marshall Harlan）指出："宪法是不分肤色的，既不知道也不能容忍在公民之间划分等级。"进而他推测："今天所作出的这一判决将被证明恰好与这个法庭在德雷德·斯科特一案中所作的判决一样贻害无穷。"这些话无疑具有先见之明，但在1896年，哈伦却是唯一对该案判决持不同看法的大法官。②

哈伦因"强有力的不同政见"（尤其在有关黑人权利方面）而享有名望。他对普莱西诉弗格森一案裁决的不同看法曾在20世纪50年代初被美国有色人种协进会的律师们引用，从而成功地在法律上抨击了美国的种族隔离政策。③

根据美国学者的分析，普莱西诉弗格森案的裁决实则反映了内战后美国社会中白人至上思潮的兴起。在人们称之为"1877年妥协"的文件中，联邦政府同意终止对南方的军事占领，放弃重建政策，以换取南方各州支持统一的政府。最高法院顽固地坚持妥协协议中的各项条件，于此期扮演了一个不太光彩的角色。在1883年民权案中，最高法院宣布联邦政府颁布的禁止私人营业中的种族

---

① Kermit L. Hall, William M. Wiecek and Paul Finkelman, *American Legal History* (Oxford University Press, 1991), pp.35, 189, 212, 213.

② Virginia Cyrus, *Experiencing Race, Class, and Gender in the United States* (California: Mayfield Publishing Company, 1993), p.267.约翰·马歇尔·哈伦（1833—1911），出生于肯塔基州，父亲是一个律师、政治家。受其父影响，哈伦早年进入律师行业，并受过较好的法律专业训练。1877—1911年，哈伦成为美国联邦最高法院大法官。

③ ［美］戴安娜·拉维奇编：《美国读本——感动过一个国家的文字》（上），林本椿等译，许崇信校，生活·读书·新知三联书店，1995，第445页。

歧视的民权法违反宪法精神，并否认国会有保护黑人不受歧视的权力，其结果是为南方社会生活中普遍实行种族隔离制度铺平了道路。①

19世纪80年代和90年代，种族隔离已表现在美国公共和私人生活的各个方面。到1895年，南方大多数州都已通过了要求在教育和公共设施等场所实行种族隔离的法律。所以，普莱西的败诉也就在所难免。总之，黑人"差不多失去了在重建时期获得的一切权利"。②

该案的判决成为当时的富勒法院（1888—1910，梅尔维尔·W.富勒出任美国联邦最高法院首席大法官，史称富勒法院）饱受抨击的判决之一。

或许，如今天的一些学者所言，该案的价值完全在于哈兰大法官的异议，为半个世纪后最终推翻普莱西案的裁决埋下伏笔。③

当然，即便该案的原告胜诉，美国的种族隔离之墙估计也很难一下子打破。因为，当时的美国社会并不宽容，法院的判决难以超越当时根深蒂固的偏见。

四、知识点、重难点

普莱西诉弗格森案的审理和判决距离斯科特诉桑福特案（1857）约40年之久，这两个案件之间存在着一些相似之处。例如，两案均涉及美国社会中黑人的权利问题，或者说美国黑人在对其不太友好的社会环境下，争取自身平等权利的问题。

在普莱西案中，美国最高法院唯一持异议的大法官哈伦认为，专横地以种族为依据将公民隔离开来，是对公民的强迫，违反了美国宪法规定的法律面前

---

① 美国重建时期，指1863—1877年，当南方邦联与奴隶制度一并被摧毁时，美国试图解决南北战争遗留问题的时期。"重建"提出了南方分离各州如何重返联邦，南方邦联领导人的公民地位，以及黑人自由民的法律地位等课题。这些问题应如何处理引起了激烈的争论。到了1870年代晚期，重建未能将黑人平等整合于法律、政治、经济、社会体系之中。

② ［美］托马斯·R.戴伊、L.哈蒙·奇格勒:《美国民主的讽刺》，张绍伦、金筑等译，河北人民出版社，1997，第428—429页。

③ 参见［美］伯纳德·施瓦茨《美国最高法院史》，毕洪海、柯翀、石明磊译，中国政法大学出版社，2005，第190—206页。

公民自由平等的原则，这是法律不允许的。①

尽管富勒法院对于普莱西案的判决并不公正，但由于时代的变化等因素，我们注意到：对于19世纪末的此案，美国最高法院的判决书里，不再出现如40年前对斯科特诉桑福特案的判决中所明显表现出来的种族歧视色彩。这或许是因为内战之后，美国已进入工业社会，有了一定的进步和发展。而且，此时的美国黑人不再像德雷德·斯科特那样独自面对强大的种族歧视偏见，为了争取平等权利，他们已建立了自己的组织机构。因此，如果说德雷德·斯科特是独自一人为自己的自由而战的话，那么，普莱西的身后实际上有一大群人在支持着他。他的诉讼行为也就可以被视为通过正当的司法途径来挑战不合理的种族歧视及其相关的法律制度。尽管普莱西的冲击没能取得成功，却不乏多方面的积极意义。

五、思考题

（1）如何评价普莱西诉弗格森案？其对于美国社会产生怎样的影响？

（2）何谓"隔离但平等"原则？

（3）你认为原告的败诉是不可避免的吗？为什么？

（4）假设原告胜诉，当时的美国社会实际上能否打破种族隔离之墙？为什么？

---

① ［美］戴安娜·拉维奇编：《美国读本》（上），第446页。

第十六章　里格斯诉帕尔默案：立法者的意图

(美国，1899 年)

一、案件由来

1882年，16岁的埃尔默·E.帕尔默在纽约用毒药杀死了自己的祖父。他的祖父弗朗西斯·B.帕尔默在遗嘱中给他留下了一大笔遗产（一个农场以及一笔可观的个人财产），后来，帕尔默怀疑新近再婚的祖父会更改遗嘱而使他一无所获（根据厄尔法官对于案情的介绍，我们获知帕尔默的祖父与伯瑞斯太太成婚时，有一份婚前契约，大意为如果弗朗西斯·B.帕尔默先去世，则由伯瑞斯夫人照管农场、管理财产直至去世），所以杀死了祖父。他因杀人的罪行被法庭判处监禁，但帕尔默是否能享有继承其祖父遗产的权利成了一个让法官头疼的疑难案件。根据另外一位持异议的法官格雷的介绍，我们得知，这起案件被提起上诉之时，这位谋杀了祖父的帕尔默还在纽约州少年犯管教所服刑。此外，通过阅读案情，我们获知，双方当事人均聘请了律师——里格斯一方（埃尔默·E.帕尔默的两个姑姑）聘请的律师是莱斯里·W.茹塞尔，被上诉人帕尔默的律师是W.M.豪肯斯。①

二、审判过程、结果

帕尔默的姑姑里格斯太太和普雷斯顿太太主张，既然帕尔默杀死了被继承人，那么法律就不应当继续赋予帕尔默以继承遗产的任何权利，而应改由她们继承。但纽约州的法律并未明确规定，如果继承人杀死被继承人将当然丧失继承权。相反，帕尔默的祖父生前所立遗嘱完全符合法律规定的有效条件。因此，帕尔默的律师争辩说，既然这份遗嘱在法律上是有效的，既然帕尔默被一份有效遗嘱指定为继承人，那么他就应当享有继承遗产的合法权利。如果法院剥夺帕尔默的继承权，那么法院就是在更改法律，就是用自己的道德信仰来取代

---

① 参见李玉增对此案的中译文，www.courts.state.ny.us/reporter/archives/riggs_palmer.htm. 访问日期：2019-04-19。

法律。

审判这一案件的格雷法官亦支持律师的说法。格雷法官认为，如果帕尔默的祖父早知道帕尔默要杀害他，他或许愿意将遗产给别的什么人；但法院也不能排除相反的可能，即祖父认为即使帕尔默杀了人（甚至就是祖父自己），他也仍然是最好的遗产继承人选。法律的含义是由法律文本自身所使用的文字来界定的，而纽约州遗嘱法清楚确定，因而没有理由弃之不用。此外，如果帕尔默因杀死被继承人而丧失继承权，那就是对帕尔默在判处监禁之外又加上一种额外的惩罚。这是有违"罪行法定"原则的。对某一罪行的惩罚，必须由立法机构事先作出规定，法官不能在判决之后对该罪行另加处罚。

但是，审理该案的另一位法官厄尔却认为，法规的真实含义不仅取决于法规文本，而且取决于文本之外的立法者意图，立法者的真实意图显然不会是让杀人犯去继承遗产。厄尔法官的另外一条理由是，理解法律的真实含义不能仅以处于历史孤立状态中的法律文本为依据，法官应当创造性地构思出一种与普遍渗透于法律之中的正义原则最为接近的法律，从而维护整个法律体系的统一性。厄尔法官最后援引了一条古老的法律原则——任何人不能从其自身的过错中受益——来说明遗嘱法应被理解为否认以杀死被继承人的方式来获取继承权。

最后，厄尔法官的意见占了优势，有四位法官支持他；而格雷法官只有一位支持者。纽约州最高法院判决剥夺帕尔默的继承权。

三、案件点评

本案在美国历史上颇具知名度，主要涉及遗产的继承问题，但牵扯到法律的原则与规则以及法律与道德等的关系。

此案中相关遗产的继承采用了遗嘱继承的方式，且相关遗嘱在法律上是合法、有效的。至少，在形式上，遗嘱不存在瑕疵。案件的复杂性在于：被告（祖父遗产的继承人）因为担心自己的祖父会改变先前的遗嘱，而杀害了立遗嘱人（自己的祖父）。这个案件发生后，杀人者只是被判处监禁数年。考虑到此人很年轻，因此，问题来了：他出狱后，能否依照祖父的遗嘱，获得遗产？①

我们知道，一般说来，遗嘱继承是指按照立遗嘱人生前所留下的符合法律规定的合法遗嘱的内容要求，确定被继承人的继承人及各继承人应继承遗产的份额。

遗嘱继承的特征通常包括：

1．被继承人生前立有合法有效的遗嘱和立遗嘱人死亡是遗嘱继承的事实构成；

2．遗嘱继承直接体现着被继承人的遗愿；

3．遗嘱继承人和法定继承人的范围相同，但遗嘱继承不受法定继承顺序和应继份额的限制；

4．遗嘱继承的效力优于法定继承的效力。

遗嘱继承的适用条件包括：

1．被继承人生前立有遗嘱，并且遗嘱合法有效；

2．立遗嘱人死亡；

3．被继承人生前没有签订遗赠扶养协议；

4．遗嘱中指定的继承人未丧失继承权，也未放弃继承权，同时也未先于被继承人死亡。

四、知识点、重难点

毫无疑问，如果里格斯诉帕尔默案发生在当代中国，则此案应当不会成为疑难案件。

主要原因或法律依据如下。

我国现行的《继承法》第七条明文规定，继承人有下列行为之一的，丧失继承权：

---

① 此案的被告在作案时，年仅16岁。他被判10年监禁，如果按照服刑10年计算，出狱时只有26岁。这一情况也足以解释了案件中的被告为何在故意杀人后，未被处以死刑或高于10年以上的监禁刑。

（一）故意杀害被继承人的；

（二）为争夺遗产而杀害其他继承人的；

（三）遗弃被继承人的，或者虐待被继承人情节严重的；

（四）伪造、篡改或者销毁遗嘱，情节严重的。

美国著名法学家本杰明·卡多佐在其著作《司法过程的性质》一书中曾经讨论过里格斯诉帕尔默案，他认为，不得允许犯罪者从其犯罪中获利。[①]美国当代著名法理学家罗纳德·德沃金在其著作《法律帝国》第一章"什么是法律"中也谈到了这个案件。他认为，此案争论的焦点是法律是什么、立法者所制定的实际法规的真实内容是什么。[②]

五、思考题

（1）立法者的真实意图是否真的很重要？为什么？

（2）假设里格斯诉帕尔默案放在当代中国的法院审理，是否存在较大的困难？为什么？

[①] 参见［美］本杰明·卡多佐《司法过程的性质》，苏力译，商务印书馆，1998，第22页。

[②] 参见［美］德沃金《法律帝国》，李常青译，徐宗英校，中国大百科全书出版社，1996，第14—19页。

第十七章 申克诉美国案："明显的和现实的危险"

(美国，1919 年)

一、案件由来

申克案发生在第一次世界大战期间,当时美国与德国正处于交战状态。该案的起因是美国社会主义党反对战争和征兵。①

查尔斯·申克(Charles T. Schenck)是美国社会主义党的总书记,参加了准备向等待应征入伍的人散发传单的活动。标题为"维护你的权利"的传单指出,征兵违反了宪法第十三条修正案"禁止非自愿性奴役"条款,并号召人们"加入到社会主义党废除征兵法的运动中来。向你们的国会议员写信……你有权要求废除任何法律。行使你的言论自由权、和平集会权和要求政府进行权利救济的请愿权……请在向国会要求废除征兵法的请愿书上签名。帮助我们清除掉宪法上的污渍!"传单还呼吁人们"重建美国的民主。请记住,自由的代价是永远保持警惕"。这些社会主义者将美国宪法视为行使权利的原则性保障。②

二、审判过程、结果

收到上述传单的几个人向费城邮务督察提出申诉,后者联系美国检察官办公室。随之而来的是1917年8月28日对社会主义党总部的搜查,查获的证据包

---

① 1917年4月,美国国会参众两院分别以压倒性的多数票通过决议,承认美国已与德国处于交战状态。到一战结束前,美国有两千四百多万男子进行服役登记,近三百万人应征入伍。由于参战,美国联邦政府的权力膨胀,某些战时机构因此拥有支配公民思想的权力,尤其是某些战时立法及其执行机构超出了合理的限度,而无辜的受害者通常是德裔美国人和反战激进分子。1917年6月,根据美国总统威尔逊的要求通过的惩治间谍法规定,对帮助敌人、阻扰征兵或在军队中煽动叛乱的人判处可达二十年的徒刑和一万美金的罚金。其中有一条授权邮政总局局长对于他认为的属鼓吹叛国或强行抵制法律的出版物有权拒绝投送。美国国会于1917年10通过的与敌通商法增加了对外语印刷品进行检查的广泛权力。在1500多名以煽动叛乱罪而被捕的人中间,其实只有十人被断定确实有罪。美国政府于此期的恣意妄为,极大地限制或侵害了公民的自由,并因此造成了极为恶劣的影响。参见[美]J.布卢姆等《美国的历程》(下册,第一分册),戴瑞辉等译,黄席群校,商务印书馆,1988,第265—275页。因此,申克案及其他类似案件在这一时期的出现绝非偶然。

② John W. Johnson (ed.), *Historic U. S. Court Cases, 1690—1990: An Encyclopedia* (New York & London: Garland Publishing, 1992), pp.491-493.

括一摞附有应征入伍士兵名单的报纸、一摞通知以及该党执行委员会的会议记录簿。联邦官员询问了几个人,并逮捕了申克和该党办公室主任巴尔。后来,警察又以违反《间谍法案》为由,抓捕了社会主义党执委会的其他四名成员。①

经过9月份的一次传讯(申克拒不认罪),审讯于1917年12月17日开始。审理案件的是J.惠特克·汤普森法官,地点在美国宾夕法尼亚东区地方法院。政府一方认为,申克等人使用邮局散发了《间谍法案》规定不予邮寄的物品。控方出示的证据来自邮务督察和收到传单的几名年轻人。在申克的辩护律师盘问的过程中,几名收到传单的年轻人认为他们并不觉得传单会使他们不顺从美国政府;他们中的几个人甚至没有来得及阅读传单上的内容。其他的人则宣称,由于美国邮政部门的干预,他们没有收到邮件。②

申克和另一位社会主义党人伊丽莎白·巴尔因为准备并散发这些传单而受到指控。一是违反《间谍法案》,图谋煽动军队中的"反抗"情绪和"阻碍"征募士兵的工作;二是以实施违法活动、邮递《间谍法案》禁止邮递的邮件的方式来对抗美国;三是非法使用邮件来散发传单。陪审团裁决上述三项罪名成立,申克被判六个月监禁,巴尔被判九十天监禁。在初审法院拒绝就该案重审的申请之后,申克和巴尔的辩护律师以《间谍法案》违反宪法第一条修正案为由,向美国联邦最高法院提起了上诉。③

美国联邦最高法院一致同意维持有罪判决。霍姆斯法官撰写了司法意见书。在意见书中,霍姆斯提出了著名的"明显的和现实的危险"标准,说明了维持有罪判决的原因。他写道:

我们不否认,在和平年代的许多情况下,被告发表他在传单中发表的所有言论,都属于宪法权利保护的范围。不过,每种行为的性质都依赖于发生这种行为的各种环境因素。即便是对言论自由最严密的保护,也不会保护在剧场中不恰当地高喊"着火了"并引起恐慌的人。它也不会为那些发表可能引起煽动性暴力行为后果的言论而应受到禁止的人提供保护。无论如何,问题都是发表的言论是否出现在上述情况之下,是否具备会带来国会有权制止的、具有实质

---

① John W. Johnson (ed.), *Historic U. S. Court Cases, 1690—1990*, p.492.
② John W. Johnson (ed.), *Historic U. S. Court Cases, 1690—1990*, p.492.
③ John W. Johnson (ed.), *Historic U. S. Court Cases, 1690—1990*, pp.492-493.

性危害的明显的和现实的危险的特征。这是一个接近与程度的问题。当一个国家处于交战状态时，许多可以在和平时期发表的言论都会成为阻碍国家采取行动的负面因素，它们不会存续像人们竭力争取的那么长的时间，也没有一个法院会认为它们应当受到宪法权利的保护。人们公认，如果能证实的确存在破坏征兵工作的障碍，有关言论将承担引起这种后果的责任。①

三、案件点评

申克诉美国案的产生有复杂的历史背景，与美国参加第一次世界大战关联密切。因为参战，美国政府出台了一系列相关的法律，如《间谍法案》（Espionage Act of 1917），并由此剥夺了公民的自由，尤其是言论自由的权利，造成的影响也比较恶劣。

1917年6月，在美国向德国宣战后大约两个月后，美国国会通过了《间谍法案》，该法案将三种情形规定为战时的违法行为：（1）散布虚假信息，意在干扰美国的军事行动；（2）导致军队中的不服从；（3）干扰征兵。该法案还规定，利用美国的邮政实施上述行为同样构成犯罪。②

申克等人的抗辩理由主要基于美国宪法第一条修正案关于公民言论自由以及和平请愿的权利。③但是，这种对于美国宪法的笃信却因为当时的战争狂热等遭到无情的打击。

---

① Richard A. Posner (ed.), *The Essential Holmes* (The University of Chicago Press, 1992), p.315.
② John W. Johnson (ed.), *Historic U. S. Court Cases, 1690—1990*, p491.
③ 美国宪法第一修正案规定："国会不得制定关于下列事项的法律：确立国教或禁止宗教活动自由；限制言论自由或出版自由；或剥夺人民和平集会和向政府请愿申冤的权利。"

四、知识点、重难点

虽然，通常我们认为美国是一个较为典型的西方国家，但是值得注意的是，由于情势的变迁等原因，美国政府的相关政策和法律等其实也会发生摇摆或变化。这种摇摆或变化自美国立国之初就表现出来，并且在之后的二百多年间多有体现和反复。申克案就是其中一个比较引人瞩目的典型案例，这一案件无疑折射出处于战争状态的美国政府的态度。战争无疑是使1917年的美国社会较为激荡的主要原因。因此，霍姆斯大法官撰写的司法意见书能够表达出最高法院大法官罕见的一致意见。也正是因为如此，在其后不久的阿伯拉姆诉美国案（Abrams v. United States，1919）中，霍姆斯大法官与另一位大法官路易斯·布兰代斯持不同意见，霍姆斯也不再坚持自己在申克案中提出的著名"明显的和现实的危险"标准。①毫无疑问，霍姆斯等人（阿伯拉姆诉美国案以美国最高法院维持4名原告有罪判决结束，7名大法官认为原告犯罪成立，霍姆斯大法官和布兰代斯大法官持异议）立场转变的一个重要原因就是1919年的美国已经从战时再度回复到和平时期。②

五、思考题

（1）简述申克案产生的时代背景。

（2）何谓"明显的和现实的危险"标准？你认为霍姆斯大法官在申克案中

---

① John W. Johnson (ed.), *Historic U. S. Court Cases, 1690—1990*, pp.494-498.
② 阿伯拉姆是一名来自俄罗斯的无政府主义者，因为散发传单，反对美国干预列宁领导的苏维埃政权，被控违反了1918年的《惩治叛乱法》，在纽约初审，除其中一人被判15年监禁外，阿伯拉姆等三人被判20年监禁。参见John W. Johnson (ed.), *Historic U. S. Court Cases, 1690—1990*, pp.494-498. 另可参见王希《原则与妥协：美国宪法的精神与实践》，北京大学出版社，2000，第358—359页。

提出的这一标准是否有些牵强？为什么在其后不久的阿伯拉姆诉美国案中，霍姆斯和布兰代斯大法官对该案的判决提出异议？

第十八章　多诺休诉斯蒂文森案："啤酒中的蜗牛案"

(英国，1932 年)

一、案件由来

1928年8月26日的傍晚，正在与丈夫处于分居状态的多诺休女士（1898—1958）坐火车从格拉斯哥来到附近的佩斯利，与一位朋友去当地的一家咖啡馆。该朋友给她买了一瓶姜汁啤酒，该啤酒瓶是不透明的。多诺休倒了一半啤酒到杯子里，喝完这杯啤酒后，将酒瓶里剩下的酒倒出，却发现在啤酒里居然有一只未完全腐烂的蜗牛。多诺休看着这蜗牛，想想已经进肚的啤酒，焦虑不安，以致身体不适。她起诉了制造商斯蒂文森（啤酒瓶上有制造商的姓名和地址），认为他们有责任去发现蜗牛，防止其进到啤酒里去。此案一直打到英国最高审判机关，也就是贵族院，主审法官是阿特金勋爵（1867—1944）。此案确立了英国现代的过失责任法的原则。[1]

二、审判过程、结果

多诺休聘请律师状告制造商斯蒂文森。该案在位于爱丁堡的苏格兰民事法院审理。原告方认为，被告在生产姜汁啤酒的过程中未尽到注意的义务，致使蜗牛可以轻易地进出生产场所，导致原告身体不适，并因此花费医疗费用，要求被告赔偿各项损失共计500英镑。被告斯蒂文森一方的辩解是，并非所有的姜汁啤酒瓶里都会有蜗牛；原告有夸大其词之嫌；原告身体不适是因为自己身体的原因；原告的起诉缺乏相关法律依据；被告并未造成对原告的损害；原告的赔偿请求太过。[2]

在当时的英美等国，遵循所谓"合同相关性原则"（contractual relationship），

---

[1] 参见徐爱国《名案中的法律智慧》，北京大学出版社，2005，第75页。另可参见［日］藤仓皓一郎、木下毅、高桥一修、樋口范雄主编《英美判例百选》，段匡、杨永庄译，北京大学出版社，2005，第383—385页。

[2] 据估计，1930年代的500英镑大约相当于现在的100万美元。

意即买卖双方须有合同关系。在该案中，多诺休不是合同一方。因为，购买姜汁啤酒的是她的朋友。但是，这位朋友并未有任何不适。于是，多诺休决定提出过失损害赔偿之诉。

但是，多诺休一方面临的问题是相关先例不太支持其诉讼请求。

就在她的案件审理前不久，格拉斯哥和格瑞诺克两地的法院分别审理了"姆伦兄弟诉AG巴尔有限公司案"和"珍妮·奥利宾诉AG巴尔有限公司案"（原告在被告生产的啤酒瓶中发现老鼠尸体）。结果，奥利宾胜诉；姆伦兄弟败诉，案件上诉至苏格兰民事法院。

苏格兰民事法院固守合同相关性原则，维持原判。只有一名法官汉特勋爵认为，啤酒瓶不透明，生产商因而具有特定的注意义务；否则，消费者有权提起赔偿之诉。

但是，上述涉及产品责任方面的先例似乎不适用于多诺休案。多诺休的案件在1929年5月开庭审理，本次审理她被判败诉，需要赔偿涉案咖啡馆老板（案件追加的被告，后同样由于合同相关性原则放弃）的损失。多诺休表示拒付。

在苏格兰民事法院审理无果的情况下，多诺休最终选择将案件上诉到英国当时的最高法院贵族院（设在英国上议院），并寻求以贫民身份免付诉讼费。其上诉得到她所在的教会宗教人士的支持，她的辩护律师也愿意无偿提供法律服务。

多诺休的上诉请求获得批准，并于1931年12月10—11日审理。原被告双方的辩护律师在最高法院展开激辩，主要围绕相关产品的制造商对最终的消费者注意的义务、合同相关性的原则。

最后，在1932年5月26号，贵族院的五名法官以简单多数（3比2）的判决支持了原告，认定制造商有责任采取合理的注意义务，保证它的产品对最终的消费者不发生损害。持多数意见的三名法官是：阿特金勋爵、萨克顿勋爵、麦克米兰勋爵。持少数意见的法官是：巴克马斯克勋爵、汤姆林勋爵。

在多诺休一案的最终审理过程中，阿特金勋爵提出了"邻居公式"的理论。他认为行为人必须采取合理的注意去避免某种作为或不作为，要合理地预见你的行为可能会损害你的邻居（即受到当事人行为影响的人）。

麦克米兰勋爵认为,"过失"(negligence)在侵权行为方面的种类从来都不是静止和封闭的,应该不断地发展,从而包含新的内容。这种责任的基本原则是,被告对原告负有某种注意的义务(duty of care)。原告应该证明,由于被告违反了该注意的义务,结果导致了他的损害。①

三、案件点评

与朋友喝酒时,居然在酒中发现了一只蜗牛的尸体,这就是1928年夏天的一个晚上发生在英国苏格兰的佩斯利一家咖啡馆的故事。如果当事人多诺休女士不较真的话,这个案件未必一定会产生,更不会载入法律史册。当然,事情就这样发生了,而且原告不依不饶,坚持了大约四年的时间,将这个案件进行到底,由此给英国的法律添加了一个具有里程碑意义的案例。

英国的法学家们认为,这个案件是英国法律历史上"最著名的案例"。从文献上看,这个案件是英国"过失"责任的源头,也是"危险物"严格责任的源头,还是"产品责任"的源头。②

美国的产品责任法则源于卡多佐法官③于1916年判定的"麦克弗森诉别克汽车公司案"(MacPherson v. Buick Motor Co.)。那个案件的事实是,原告从零售商那里购买了一辆别克轿车,在开车的时候,汽车出现故障,他从车里摔出受伤。经查明,车轮用了有瑕疵的木料,在行车途中辐条粉碎。该车轮是别克公司从另外一家制造商购进的。证据表明,只要别克公司适当检查,就可以发

---

① 参见 Donoghue v. Stevenson,信息来源:Wikipedia, the free encyclopedia.访问日期:2014-03-13。

② 参见徐爱国《名案中的法律智慧》,第75—78页。

③ 本杰明·N.卡多佐(1870—1938),生于纽约市,1889年毕业于哥伦比亚大学,1891年成为律师,1913年出任纽约州最高法院法官,1914年和1927年分别出任纽约州上诉法院法官和首席法官,1932年至1938年担任美国联邦最高法院大法官,成为该院历史上第二位犹太裔大法官。卡多佐常为律师提供法律难题的咨询,被誉为"律师的律师"。他参与创建了美国法律协会,支持罗斯福总统的"新政"立法,"静悄悄地"完成了普通法的革命,并与霍姆斯、布兰代斯等大法官共同促进了美国宪法和普通法的发展。参见《律师的律师:卡多佐大法官》,法制网,http://www.legaldaily.com.cn/bm/content/2010-04/06/content_2103975.htm? node=20738,访问日期:2013-11-25。

现瑕疵。原告状告别克公司,别克公司以"合同相关性"予以反驳。同样的理由是,原告不是从别克公司买的轿车,与别克公司不存在着合同关系。

对于这个案件,卡多佐和多数法官在严密论证、引用先例的基础上,判决被告方承担相应的责任。①该案卡多佐在纽约州上诉法院(该州最高法院)担任法官第三年审理的一个案件,也是在汽车开始盛行的20世纪早期的美国社会,当出现汽车的消费者权益受到侵害时,应否和如何维护其合法权益的一个具有里程碑意义的案件。该案涉及的问题比较多,诸如交通、货物销售以及法律关系的过去及未来。案件的原告麦克弗森遇到的问题(正常驾驶车辆的过程中,突然受到伤害),也是越来越多的选择开车作为出行方式的美国人需要面对的问题。这个案件要告的不是汽车的经销商(位于纽约),而是车辆的制造商"别克汽车公司"(位于密歇根州的底特律),后者与原告并无合同关系。在这个案件之前的1908年,同样也是在纽约州上诉法院,"托格森诉舒尔茨案"(Torgeson v. Schultz)就是依据合同相关性原则判决的。但是,麦克弗森在8年后的1916年,在同样的法院却获得了胜诉,这意味着消费者权益法进入一个新的时代。当然,该案的审理经历了初审(判决麦克弗森败诉,因为与被告没有合同关系)、纽约州中级法院的审理(推翻了初审法院的判决)、纽约州上诉法院的终审(被告不服,上诉至纽约州上诉法院)。正是在纽约州上诉法院,卡多佐法官认为汽车是一种具有危险性的产品,因而受到此类产品伤害的人不必与产品的制造商存在合同关系。②

关于瑕疵产品责任的理论,学者们一直有争论,一种说法是合同的瑕疵担保义务,也就是说,制造商出售自己的产品时,就默示同意保证产品的质量,当产品发生损害时,制造商就应该赔偿违约责任。另外一种说法是侵权行为法的"合理预见"义务,也就是说,制造商在生产产品的时候,应该合理地预见到其产品可能对消费者发生的损害。如果产品造成了损害,就可以证明制造商没有尽到合理注意的义务,因此应该承担侵权行为的责任。

---

① 参见王军、高建学编著《美国侵权法》(英文版),对外经济贸易大学出版社,2007,第269—280页。

② John W. Johnson (ed.), *Historic U. S. Court Cases, 1690—1990: An Encyclopedia* (New York & London: Garland Publishing, 1992), pp.297-300.

合同法的学者认为产品责任属于合同法，侵权行为法的学者认为其属于侵权行为法，经济法的学者认为其属于经济法。

最后，在这个案件中，阿特金勋爵提出了著名的"邻居公式"，这是以后所有过失侵权行为案件的基础。什么是过失？简单的说法就是：一个理智的人（a reasonable person）做了不理智的事，结果造成他人的损害，他应该对他的过失承担侵权行为责任。①

四、知识点、重难点

英国法具有非常强烈的固守先例的传统，这种做法也许不乏审慎，但也不乏保守性。长期以来，对于侵权案件的审理，英国的法官习惯于遵从所谓合同的相关性原则。而如果一味固守这一原则，难免造成对于当事人一方尤其是被害人一方的不公。

上述案件之所以具有里程碑式的意义，主要就在于主审法官阿特金在遵循先例的传统下，克服顽固的惯例，其在判决中发表的意见非常值得赞赏。例如，阿特金勋爵在判决意见中一再强调被告方作为提供食品的生产商对于消费者应该有"合理注意"的义务。②

我们可以发现，由于英国法官"向后看"的思维惯性，在这个案件中，无论是支持还是反对原告方的法官毫无例外地引用先前的相关案例。当然，同样是主要从普通法的角度理解和审理案件，因而运用普通人的视角或常识进行推理，也是案件审理过程中的一大特色。参与案件审理的5名法官以3∶2做出判决，其中的意味可谓多矣。

最终，该案原告多诺休获得500英镑的损害赔偿金。其意义不仅在于原告因为自己的坚持不懈而取得胜诉，更重要的是，从此以后，所谓合同相关性原则实际上已被抛弃，英国的合同法乃至侵权法、产品责任法等进入了新的历史时期。

---

① 参见徐爱国《名案中的法律智慧》，第75—78页。
② 参见 Donoghue v. Stevenson，信息来源：Wikipedia, the free encyclopedia，访问日期：2014-03-13。

五、思考题

(1) 何谓合同相关性原则?

(2) 为什么说多诺休诉斯蒂文森案具有里程碑式的意义?

(3) 主审法官阿特金勋爵以及麦克米兰勋爵提出的相关理论是什么?这些理论具有什么意义?

第十九章　国会大厦纵火案：纳粹的阴谋

(德国，1933 年)

一、案件由来

国会纵火案是德国纳粹党策划的焚烧柏林国会大厦，借以陷害德国共产党和其他进步力量的阴谋事件。希特勒通过此次事件成功解散了德国共产党。

1933年1月30日，德国总统保罗·冯·兴登堡任命阿道夫·希特勒为总理。希特勒想实行魏玛共和国宪法规定的特别授权法，该法律规定总理可以不通过议会自行制定规章以代替法律；但授权法需议会三分之二的议员通过才能生效，在魏玛共和国的历史上，只在1923—1924年共和国发生恶性通货膨胀时才启用过一次。但希特勒的纳粹党在议会中只占有32%的席位。因此希特勒上台后立即要求总统兴登堡解散议会，定于1933年3月5日进行重新选举。当时德国共产党是议会中第二大党，占有17%的席位，并且反对启动特别授权法。希特勒想占有议会的多数席位，就必须将共产党打压下去。

1933年2月27日22点，柏林消防队接到消息，国会大厦发生火灾。直到23点30分，大火才被扑灭。消防员和警察对大火现场进行检查，发现了20捆未烧尽的纵火燃料和一个赤裸的冻得哆嗦的男人。这个人名叫马里努斯·范·德·卢贝（Marinus van der Lubbe），是一名荷兰共产党人，一个失业的建筑工人，在此前不久才到德国。

在报告火灾时，希特勒正与约瑟夫·戈培尔在柏林的公寓中吃晚餐。在接到紧急电话后，希特勒、戈培尔和副总理弗朗茨·冯·帕彭乘车赶到国会大厦，在那里他们遇到了赫尔曼·戈林。戈林对希特勒说："这是共产党的暴行！共产党的一名匪徒被逮捕。"而希特勒则称："这是共产党发动革命的信号。"次日，希特勒在普鲁士新闻公报的电台上发表讲话，称"这种纵火行为是德国布尔什维克进行的最骇人听闻的恐怖主义行为"。

国会纵火案发生后，希特勒于次日要求兴登堡颁布紧急法令，废除魏玛宪法中有关保证人身自由的条款。根据《国会纵火法令》，于3月1日宣布德国共产党意图暴动，因此为非法。第二天，冲锋队占领了德国所有的共产党党部。德国共产党是第一个被迫退出议会的党派。随后工会被解散，德国共产党的报刊被禁止出版，包括德国共产党领袖恩斯特·台尔曼的1.8万名德国共产党人被捕。①

二、审判过程、结果

纳粹同时宣称第三国际②策划了国会纵火案，并逮捕了共产国际驻德的三名保加利亚人：季米特洛夫、塔涅夫和波波夫。案件的审理从1933年8月21日正式开始（预审则早在3月即开始了，季米特洛夫等人也一直被关押），到12月23日宣判，整整耗费了四个多月的时间；审判的地点也是在莱比锡（德国最高法院所在地）和柏林之间变动。

在9月21日的莱比锡审判中，季米特洛夫在法庭上严厉驳斥了纳粹党对共产党的诬蔑，并宣称"国会纵火案"是纳粹精心策划的阴谋。最终法院宣判范·德·卢贝因犯纵火罪和叛逆罪，被判处死刑；季米特洛夫等三名被告无罪释放。希特勒对莱比锡审判的结果非常恼火，宣布今后的一切审判都得由新组建的"人民法庭"执行。

1933年3月5日的议会选举中，纳粹党赢得了44%的席位，但仍然没有能达到2/3的多数。其中国家人民党和希特勒站在一起，他们共占52%的席位，纳粹党通过胁迫或贿赂的手段，强行通过了特别授权法，其中只有社会民主党没有投赞成票。希特勒在特别授权法通过后，在一个月时间内取缔了所有非纳粹党派，建立了纳粹独裁政权。

对国会大厦纵火案的起因，历史学家们有几种不同的说法：一种认为范·德·卢贝出于个人原因放的火，被纳粹党利用；另一种认为是共产党策划

---

① 恩斯特·台尔曼（1886—1944），德国共产党（KPD）主席。1933年3月3日，在柏林被逮捕。被监禁了十一年半之后，于1944年8月18日在魏玛附近的布痕瓦尔德集中营，被法西斯秘密杀害并被焚尸灭迹，年仅58岁。

② 第三国际于1919年在莫斯科成立，那时俄国无产阶级已经革命成功，建立苏维埃政府。第三国际本名"共产国际"，以别于第二国际的本名"工人国际"。1943年6月10日，鉴于共产国际在某种程度上是为了反对协约国而创，而美国此时成为苏联拉拢以反对法西斯德国的重要对象，共产国际执行委员会决定正式解散共产国际。

范·德·卢贝放火（这种说法已经被证明是污蔑）；大部分人认为是纳粹党策划的纵火。

1981年12月31日，西柏林法院正式推翻"国会纵火案"原判决，宣布这是一起错审、错判案件。

三、案件点评

国会大厦纵火案是20世纪的德国乃至世界历史上的著名事件，其真相至今还存在一些值得探讨的地方。

通常我们认为这一案件的发生与以希特勒为首的德国纳粹党人脱不了干系。或者说，它就是希特勒等人在幕后一手操纵的结果，其目的就在于嫁祸于德国共产党，借此机会铲除自己的竞争对手，为希特勒的独裁统治服务。[①]当然，至少就此案而言，希特勒等人的目的算是达到了。在事件发生后不久，通过《授权法》等形式，希特勒终于如愿以偿地实现了纳粹党在德国的独裁专制。

值得注意的是，由于这起国会纵火案引发了当时国际上的广泛关注，纳粹德国还不敢完全抛弃法律的形式。故而对此案进行了公开审理，并允许德国以及其他一些国家的记者旁听和报道（苏联记者除外）。

而且，一些纳粹头目诸如戈林、戈培尔等人也相继以证人的身份出庭，其意不言自明。这也就有了戈林、戈培尔与季米特洛夫在法庭上面对面的舌战交锋。

这一案件虽然最终有了结果，但存在不少疑问，至今仍难以寻求真相。

譬如说，谁是范·德·卢贝的同案犯？因为，根据当时的调查显示，卢贝一人是不可能完成多处纵火的。而且，纵火者的纵火手法、使用的燃料、焚烧

[①] 按照国内学者的分析，尽管希特勒在1933年1月30日经过选举登上德国总理的宝座，但此时真正拥有大权的是总统兴登堡，其大权的一个重要内容就是根据德国宪法第48条规定，可以不经国会同意任免总理；此外，还可以在违背自己意志的法案上签字。因此，希特勒急欲摆脱这一明显不利的局面。国会纵火案的发生，可谓天赐良机，纳粹党自然不会放过这一千载难逢的时机。参见叶童《世界著名律师的生死之战》，中国法制出版社，1996，第362—373页。

的国会大厦具体区位等均有所不同,可以断定此次纵火非一人可以完成。

国会大厦不是一般的建筑,有专门的保卫人员,戒备较为森严,一般人难以进入。何况,在这起纵火案发生之前,在德国的所有共产党员都受到了严格的跟踪和监视,在这种情况下,这些共产党员是难以自由出入国会大厦的。

卢贝曾经在一家名为亨尼斯多夫的简易旅馆居住过。他的同宿者据说是一个名为佛朗兹·瓦钦斯基的人,这个人在案发前的一天与卢贝同时离开旅馆,此后就再也不见其踪影。

据说第一个报警的人是一位身份不明的人,这个人在审讯过程中始终未曾现身。这个人到底是谁?也成了一个谜。

所以,这是一个扑朔迷离的案件。[①]

四、知识点、重难点

国会纵火案可谓疑点重重,因此,我们一般认为其是希特勒及其纳粹党人的阴谋,其卑劣目的就是借此打击自己的竞争对手,为希特勒和纳粹的专制独裁铺平道路。它是一个标志性的重大事件,由此,我们可以清楚地看到当时的德国很快堕入法西斯的专制统治之下。是希特勒等人一手制造了这一事件?还是希特勒等人顺水推舟地利用了这一事件?总之,这一案件发生之后,德国的政治气氛一下子变得高度紧张和令人窒息。所以,它更多的是一起政治案件,某些人因此达到了自己的政治目的。戈林、戈培尔等纳粹头面人物的纷纷出庭、亮相,就可以说明纳粹党对于此案关注的程度以及其他一些不可言说的深意。

这里顺便说一下:那位精神不太正常的范·德·卢贝其实不是共产党人。如果说以前他曾经参加过荷兰共产党,那么,后来的事实表明,因为此人的无政府主义立场,早已被荷兰共产党开除。此后,卢贝实际上就是一个流浪汉,是一个视力较差的半盲人。他在法庭上的虚弱、无精打采的表现,使得不少人

---

① 参见叶童《世界著名律师的生死之战》,第362—422页。

怀疑他被上了麻药。①而且，几乎可以肯定的是，在纵火案发生之时，此人的精神状态存在很大的问题。如果因此而判处一个精神病人的死刑，则相关审判的公正性同样值得怀疑。

就技术层面而言，这一案件存在着诸多疑点或疑问。

希特勒等人要利用这一难得的机会打击共产党人和清除自己的其他的一些障碍，还不便立即抛弃一些民主、法制的外衣。因此，将此案交由法官、检察官等人，依照正常的法律程序来审理，也就是一种必然的选择。只不过，我们要注意的是：此案的法官、检察官在当时的社会环境下所持的政治立场决定了他们是不可能站在公正的立场上的。至于季米特洛夫的律师，要不就是迫于压力不敢接受委托，要不就是流于形式不可能很好地完成自己应负的辩护人的使命。所以，最终我们看到的是，法庭上的季米特洛夫是在为自己、为共产党人而辩护，并进而利用庭审的机会，揭露纳粹党人的阴谋和丑恶面目。

当然，尽管季米特洛夫是一名精通数国外语的天才，但作为一名出生于保加利亚的人，其掌握的德语和德国法律知识等在其刚被捕入狱时，尚不足以完好地应对必将复杂、恶劣的庭审局面。因此，其在德语和德国法律等方面不懈的努力和迅速提升，对于他之后不久的雄辩提供了极大的帮助。当然，作为一名资深的、见多识广的革命家，其坚强的意志和过人的胆识以及精细的思维能力等，同样也给他在法庭上的杰出表现加分不少。

监狱之外以及庭审之外的形势，也是纳粹不得不顾忌的一个重要方面。②或许正是因为有了众多的国际友人、民主国家对于此案的密切关注，法庭的审理才不至于明显地偏离正常的法制轨道。例如，仅就法庭的相关工作量来说，即颇为可观：先后传唤证人250名，证词记录大约7000份，存档的证据50卷（各

---

① 参见［美］托马斯·帕克主编《开庭：改变人类进程的115件世纪大案》，刘璐、张华伟等译，海潮出版社，2000，第706—707页。

② 例如，国际共产主义阵营以及世界上一些知名的知识分子的强烈呼吁和宣传、发生在索菲亚、巴黎、伦敦、哥本哈根、布鲁塞尔、鹿特丹、纽约、马德里、斯德哥尔摩、布拉格、日内瓦、东京等世界知名城市的要求释放季米特洛夫等三名无辜的保加利亚人的群众集会和示威。上述这些抗议、呼吁、宣传、集会等活动，构成了一种不可忽视的力量，对于正日益猖獗的法西斯狂潮无疑是一种压制的力量，使得案件的审理不得不尽可能地遵循正常的法律轨道，对于季米特洛夫在即将到来的审判中，可以说于无形中减轻了压力。参见叶童《世界著名律师的生死之战》第十三章"不朽的自我辩护——季米特洛夫与莱比锡审判"，第362—422页。

1万页）。① 遗憾的是，在此之后的德国，由于集权主义占据压倒性的地位，德国已无民主、法治可言。因此，我们所能看到的只能是所谓的"人民法庭"和"恐怖的法官"以及纳粹的法外用刑，等等。②

这起案件也使作为后人的我们记得了一位杰出、伟大、坚强、机智的人物的名字，他就是格奥尔基·季米特洛夫。

五、思考题

（1）如何看待这起国会纵火案？它是纳粹的阴谋吗？为什么？

（2）谈谈你对于季米特洛夫在庭审中表现的看法。

（3）相关证据在此案中的作用如何？

---

① 参见［美］托马斯·帕克主编《开庭》，第707页。
② 关于纳粹时期的法律尤其是司法方面的情况，参见［德］英戈·穆勒《恐怖的法官——纳粹时期的司法》，王勇译，中国政法大学出版社，2000。

第二十章　二战期间日裔美国人被拘留案：战争引发的恐慌

(美国，1942—1945 年)[①]

[①] 参见任东来、陈伟、白雪峰等《美国宪政历程：影响美国的25个司法大案》，中国法制出版社，2004。

一、案件由来

1942年2月19日，在日本军队偷袭美国夏威夷珍珠港的两个半月后，罗斯福总统下达了第9066号行政命令，授权美国陆军部部长确定国内某些地区为"战区"，并可以对生活在战区的人加以任何必要的限制，甚至可以把他们排斥在战区之外。①

根据这一命令以及一个月后国会通过的一项法律，美国西海岸军区司令德威特将军（Gen. J. L. DeWitt）借口日本人入侵和颠覆的威胁，发出一系列命令，先是对西海岸各州所有祖先为日本人的居民实施宵禁，继之把他们从这一地区驱逐，要求他们到政府指定的一些集合地集中，转迁到远离西海岸的禁闭中心（detention centers）。一共有11万以上的男女老少——包括7万美国公民——被遣送到这些禁闭中心。没有任何一级法院对其中的任何一个人做出过是否忠诚美国、是否有罪的判定。这些禁闭中心四周是铁丝网，并有武装警卫把守，未经官方批准，里面的居民不得离开。

现在，几乎所有的人都认为这些对公众自由和公民权利前所未有的侵害，并不是政府官员所说的是出于军事的需要。而且，即使在当时，重要的军事和民政领导人对这一事实也并非不清楚。

好几个受到这些措施伤害的美籍日本人选择了上法庭来质疑这些措施的合法性，最终把官司最终打到了联邦最高法院（一共四个案件）。其中最有名、可能也是最重要的案件是是松诉美国案（Korematsu v. United States，1944）。②

---

① 日军偷袭珍珠港事件：1941年12月7日清晨，日本海军的航空母舰舰载飞机和微型潜艇突然袭击美国海军太平洋舰队在夏威夷的基地珍珠港以及美国陆军和海军在瓦胡岛上的飞机场，太平洋战争由此爆发。这次袭击最终将美国卷入第二次世界大战。

② John W. Johnson (ed.), *Historic U. S. Court Cases, 1690—1990: An Encyclopedia* (New York & London: Garland Publishing, 1992), pp.441-442.

二、审判过程、结果

1942年,因为违反德威特将军的宵禁令,一个叫戈登·平林(Gordon Hirabayashi,出生在美国,当时是华盛顿大学高年级的学生)的日裔美国人被定罪。他把案子上诉到最高法院,并申诉说,国会对军事指挥官的授权是违宪的,而且把日裔美国人与其他族裔美国人区别对待同样违反了宪法第五条修正案的正当程序条款(通常,第十四条修正案的平等保护条款是质疑政府种族歧视做法的根据,但是,就其内容而言,这一条款只约束各州,而不能约束联邦政府。平林所强调的是,第五条修正案的正当程序包括了约束联邦政府的反歧视原则)。

1943年6月,最高法院对平林案作出判决,一致维持了对平林的定罪,认可了德威特的宵禁令。最高法院宣称,德威特的宵禁令从属于国会和总统的联合战争权,亦无违宪歧视日裔美国人之处(在另一个类似的安井稳诉美国案[Yasui v.United States]中,最高法院得出了同样的结论。与戈登·平林一样,安井稳也是出生在美国的日裔。1941年的时候,安井稳是俄勒冈州律协的成员,也是美国陆军预备队的少尉。他因为故意挑战宵禁令被判监禁1年,罚款5千美金。安井稳认为,宵禁令是违宪的)。① 最高法院认为,联邦政府在行使宪法所授予的战争权时拥有广泛的裁量权,在环境允许的情况下,政府行使战争权时可以违反公众自由,政府只需要说明这种行动的具体原因即可。法院还说,对民政和军事当局来说,在1942年初日本侵略西海岸是一种现实性威胁时,他们并非没有理由得出下面结论:在美国的日本人社区的不忠之徒,"其人数和实力很难准确和迅速地确定",因此,为了公众安全的利益,应对该社区的全体成员实施全面的宵禁。首席大法官斯通(Harlan Stone)写道,种族区分(racial distinctions)"对自由的人民来说,在本质上是令人可恶的",但是,当所有的事实和环境都构成了可以这样做的合理基础时,并不排除可以进行种族区分。最

---

① John W. Johnson (ed.), *Historic U. S. Court Cases, 1690—1990*, p.443.

高法院还认定国会和总统授予军事指挥官的实质性自由决定权也是恰当的。①

最高法院的决定是全体一致作出的，但是，罗伯特·墨菲大法官提出了附议（可以被视为异议）。他同意在国家危急之际应该尊重军方判断，但也非常担心地表示，这是最高法院第一次"基于出生地或祖先背景"来对公民个人自由加以限制。因此，美国政府的行动已经走到了"宪法权力的极限"。②

在第二年的是松诉美国案中，最高法院只能以6比3的票数裁定把祖先为日本人的居民从太平洋沿岸地区迁走的命令合乎宪法，并维持对弗雷德·是松（Fred Korematsu）拒不搬迁行为的定罪。

是松争辩说，这一命令是强制迁移至拘留营全盘计划的一部分。在要求他从住处搬走的同时，他们还命令他向中转中心报告，以便最终把他转送到将被无限期拘留的"重新安置中心"（relocation center）。但撰写多数意见的布莱克大法官对此置之不理，而把问题限制在搬迁命令的合法性上。他承认，比起强制性的宵禁令，这个命令是对公众自由更为严重的损害，但是他仍引用平林案中的理由，声称军事指挥官有同样的理由相信当时的军事需要这样做。有意义的是，布莱克指出了强调种族差异的法律"可能有违法之处"，需要"最严格的司法审查"，而且，只有"迫切的公共需要"才能为这种法律正名（显然布莱克在这里承认了，联邦政府受到一种反歧视原则的约束），但是，尚缺少足够的证据应用这一标准来审查本案中的事实。

三位持异议的大法官提出了强有力的反对意见。罗伯茨大法官认为，多数意见孤立地谈论迁移命令的做法实在幼稚，这一命令不过是把日裔美国人集体迁移计划的第一步。他还坦率地用了"集中营"（concentration camps）这一说法。在他看来，这一计划明显违宪，因此，对是松拒绝服从的处罚是错误的。杰克逊大法官则认为，多数意见破坏了美国法律的一项基本原则：罪过属于个体而与祖先无关。它正在做出一项决定，把一种清白的行为——居住在某一地区——视为有罪，仅仅是因为这些居民属于某一特定的种族团体。无论德威特的命令是否有道理，它都超越了宪法允许的限度。在平林案中，墨菲大法官已

---

① John W. Johnson (ed.), *Historic U. S. Court Cases, 1690—1990*, p.443.
② John W. Johnson (ed.), *Historic U. S. Court Cases, 1690—1990*, p.444.

经表示政府的行动已到达了宪法授权的极限。①

就在对是松案作出判决的同一天,最高法院也对远藤案(Ex parte Endo)作出裁定:不论是总统的行政命令,还是国会法律,都无权继续把远藤小姐禁闭在重新安置中心,因为远藤小姐被认定是忠于美国政府的。但法院拒绝审查导致远藤小姐被监禁的军事命令的合宪性。②

三、案件点评

现在,绝大多数的观察家和学者都认为,有关日裔美国人的案件,特别是是松案,是最高法院历史上的一大污点,是对其保护公众自由和公民权利免受政府侵害(即使在国家宣布紧急状态下)的历史责任的重大逃避。最高法院的判决受到了不计其数的当代批评,有意义的是,这些批评并没有随着时间的逝去而消失。

1945年,耶鲁大学法学教授尤金·罗斯托(Eugene Rostow,后来曾担任耶鲁大学法学院院长和约翰逊政府的副国务卿)发表了一篇严厉批评这些判决的著名文章《日裔美国人案件:一大灾难》。他强调遣送和拘留决定"是多少年来对我们自由最糟糕的打击",并将使最高法院在处理这些决定所演绎出来的案子时极为棘手。他认为并没有真实的证据来说明军事上的必要性。

几乎同时,《哥伦比亚法律评论》也发表了一篇严厉批评的文章。作者是著名大法官布兰代斯的外甥女纳内特·德比兹(Nanette Dembitz)。她详细分析了导致遣送决定的全过程,对西海岸各州政客、排外主义集团和大众媒体在劝说政府采取行动方面的巨大作用尤为注意。她还谴责德威特将军的种族偏见——后者曾经指出,对祖先源于日本的任何美国人,不论是第二代还是第三代,都不能相信他们已完全效忠美国。她巧妙地指出是松案中最高法院判决明显前后矛盾。她的结论很明了:最高法院的大法官不加分析地接受了政府的指控,放

---

① John W. Johnson (ed.), *Historic U. S. Court Cases, 1690—1990*, p.446.
② John W. Johnson (ed.), *Historic U. S. Court Cases, 1690—1990*, pp.446-447.

弃了自己对军人控制平民合理性作出独立判断的职责。德比兹的文章意义非凡，且有讽刺意味，因为她本人就是美国联邦政府司法部的律师，参与了政府有关宵禁令和遣送令案件的准备工作。

罗斯托在其文章的结尾说因为被强制从自己的家园迁出，日裔美国人财产损失惨重，他强调他们应该得到相当的财政补偿。从拘留营出来后不久，日裔美国人就开始为这种补偿而斗争。但他们只获得了部分的成功。1948年国会通过了《日裔美国人遣送补偿法》(The Japanese American Evacuation Claims Act)，它只补偿日裔美国人的不动产和个人财产的损失，而没有赔偿收入损失和遭受磨难的精神损失。这种补偿不仅与他们所受的伤害很不相称，而且其所规定的提供证据的标准也不易达到。结果，政府仅仅补偿了3700万美元了事。

在不同的日裔美国人民权团体的支持下，一场要求全面赔偿的运动在1970年代展开了，其结果是成立了一个全国性的委员会来研究日裔被拘留的问题。这个"战时重新安置和拘留平民问题委员会"(Commission on Wartime Relocation and Internment of Civilians)在1982年结束了它的工作，发表了一份报告。在谈到重新安置和拘留问题时，报告指出："造成这些决定的显著的历史原因是种族偏见、战时的歇斯底里和政治领导的失误。"它建议对至今还活着的被拘留过的人每人赔偿2万美元。直到1988年，美国国会才通过法律实现了这一建议。[①]

四、知识点、重难点

二战期间的日裔美国人被拘留案反映了处于特定历史时期的美国政府对于特殊事件的特殊的处理和反应。

根据美国学者在二战后的相关研究，1941年大约有11.2万名日裔居住在美国西海岸，其中约四分之三是美国公民。在二战之初，美国民政以及军事官员

[①] 1988年8月10日里根总统签署文件，就二战中日裔美国人的拘留营一事正式道歉，承认当时将日裔居民看成"外来的敌人"是出于战时的狂热和偏见，宣布给予曾经被关在拘留营中且仍在世的日裔美国人每人两万美元的补偿。见《1988年：美国政府就二战时期将日裔美国人关进集中营进行道歉和赔偿》，搜狐新闻，http://news.sohu.com/s2012/shijieguan-296/index.shtml，访问日期：2014-6-6。

表示了对于这些人的担忧。①因此，其后不久的针对日裔美国人的隔离和拘留等措施，实际上就是这种不安情绪的反映。

二战的爆发，特别是日军偷袭珍珠港，是引发美国政府政策和法律发生巨大变化的重要因素。值得注意的是，即使是在当时那种极为特殊的环境下，也并非所有的美国政府官员对于日裔美国人一概采取敌对的态度。例如，有意思的是，就在战争事件的发生地夏威夷，当地的新闻传媒对于日裔美国人的忠诚颇有信心，并表达了对日裔美国人对于当地经济的重要作用的肯定。夏威夷当地的军事长官德罗斯·埃蒙斯（Delos Emmons）断然拒绝了来自华盛顿的将2万名"危险的"日本人撤离的建议。但是，在美国本土，日裔美国人却没有得到如此信任：通常是因为各州的法律以及本地的习惯，日裔美国人被隔离出美国主流社会，他们的周围被人为地设置了种种障碍。在美国西部一些州，大多数日裔美国人不能投票、拥有自己的土地或生活在体面的社区。②

美国社会的这种过度反应抑或恐慌，自然与珍珠港事件的突然发生有关。据说，日军轰炸了珍珠港之后，美国西海岸民众和军方人士都担心日军会进袭西海岸。加利福尼亚的民众一开始还能够听从《洛杉矶时报》"不要自乱阵脚"的呼吁。但是，很快，民意开始转向，许多人将敌对的目光投向加州的日裔居民。加州社会弥漫着恐慌情绪：有人仅仅因为担心被人下毒，就拒绝购买日裔农场主种植的蔬菜，还解雇了许多日裔雇员。③

这种恐慌的情绪很快传染到美国的行政、军事等部门，包括电台评论员、社论作者、有影响力的农业团体、政治人物等纷纷发声，要把"所有的日本人，不管是否本国公民，都安置到位于内陆的集中营去"。时任加州司法总长的厄尔·沃伦也支持迁移，尽管他日后对此决策道过歉。特别是第六军区（其辖区包括整个西海岸）负责人约翰·德维特将军强烈支持迁移日裔居民的决策。当然，也有人反对迁移，如联邦调查局及其负责人埃德加·胡佛。马克·克拉克将军等人的反对意见是：既然德裔、意大利裔人都没事，为什么要重新安置日

---

① John W. Johnson (ed.), *Historic U. S. Court Cases, 1690—1990*, p.441.
② James West Davidson (et al.), *Nation of Nations: A Narrative History of the American Republic* (McGraw-hill, Inc., 1994), p.1053.
③ 参见［美］斯蒂芬·布雷耶《法官能为民主做什么》，何帆译，法律出版社，2012，第227页。

裔美国公民？而且，既然政府允许夏威夷的日裔公民待在家里，为何强迫加州的日裔公民背井离乡？①

但是，主张迁移者的声音压倒了不同意见。特别是战争部会同司法部，将德维特将军的重新安置提议提交给总统，总统随即批准了这一建议。②此后，日裔美国人的命运即发生了很大的变化，十多万人都生活在被铁丝网围住，并由卫兵监管的收容营内，而收容营的生活设施可谓"简陋艰苦到极致"。③

面对不公正的待遇，一部分日裔美国人采用了法律手段来维护自己以及自己所属的族裔的合法权益。上述平林案、是松案就颇为典型，而且，这两案连同其他一共四案最终都上诉到美国联邦最高法院，足以显示作为原告一方的日裔美国人的维权意识和决心。

当然，这一时期，最高法院的相关判决并不令人满意。有文章称最高法院对于二战时期的日裔美国人的判决是"美国战时最严重的错误"。例如前述远藤案的判决。该案体现了美国最高法院对于战争权之运用进行司法审查的力量，但也体现了其弱点。这一案件的原告远藤永芳于1942年7月，在一个联邦地区法院提出了要求取得人身保护令的书面请求，但是，一直到1944年12月，她才被最高法院下令释放。这意味着她从1942年早期被从家里赶出来，在几乎三年的时间里，丧失了人身自由。④

1945年日本投降，但是，日裔美国人集中营的生活并未随即结束。大约在此一年多之后，最后一个集中营才关上大门。集中营在心灵上留下的阴影则并未如此之快地消散，这是二战后日裔美国人最终采取"平反行动"的重要动因。

---

① 参见［美］斯蒂芬·布雷耶《法官能为民主做什么》，第227—229页。美国学者的相关研究表明，在开始的时候，美国政府以"敌国侨民"的身份对待尚未取得美国国籍的意大利人以及尚未取得美国国籍的德裔和日裔，这些人的行动受到较多限制，不得拥有枪支、短波收音机或地图。但是，到1942年，一般的美国人认为，德裔或意裔美国人不构成危险。而且，由于想得到意裔选民（约500万）在美国国会选举中的支持，罗斯福总统特意在1942年哥伦布纪念日取消对意大利侨民（约60万）的限制。参见James West Davidson (et al.), *Nation of Nations*, p.1052。

② 当时的美国总统F.D.罗斯福颁发第9066号行政命令的法律依据是1918年的《间谍法案》以及1940年和1941年通过的各种法案。参见John W. Johnson (ed.), *Historic U. S. Court Cases, 1690—1990*, p.441。

③ 参见［美］斯蒂芬·布雷耶《法官能为民主做什么》，第227—230页。

④ 参见［美］伯纳德·施瓦茨《美国最高法院史》，毕洪海、柯翀、石明磊译，中国政法大学出版社，2005，第274—275页。

所幸的是，多年以后，美国政府对自己当初的错误行为作出道歉，认识到自己的错误，并给予当年的受害人一定的赔偿。戈登·平林在1985年终于等来申诉的机会，并获得胜利。当年下令宵禁、将日裔美国人从居住地驱散至集中营的德威特将军被认为是种族主义者。[①]当然，这种结果不乏包括受害人一方及其亲属在内的社会各界人士的推动。

五、思考题

（1）简述平林案、是松案、远藤案产生的历史背景。

（2）二战期间针对日裔美国人迁移案的判决，对于美国最高法院的影响如何？

（3）如何看待战后美国政府对于日裔美国人的道歉及赔偿？

[①] 参见［美］彼得·伊龙斯《为权益而战》，上海市政协编译组译，上海译文出版社，1997，第47—50页。

第二十一章　纽伦堡审判：法西斯的三大罪名

（德国，1945—1949 年）

一、案件由来

> 在法律史上,从来不曾做过这样的努力,即把十年间涉及整个欧洲大陆、20多个国家、无数的个人、无数的事件归结到一次起诉中……在法律史上,这个案件的范围远远超过了我所知道的任何案件所做的努力。
>
> ——[美]罗伯特·杰克逊大法官[①]

1945年11月20日上午10时03分,欧洲国际军事法庭在纽伦堡法院的正义宫开庭,影响世界文明的纽伦堡审判拉开帷幕。[②]

在10年前的1935年,控制德国的纳粹就是在纽伦堡举行了以"血统和种族"为中心议题的"自由的党代表大会",大会期间通过了臭名昭著的种族歧视法案《纽伦堡法》。根据这项法律,犹太人从他们世代生活的土地上被驱逐,从此,德国一步步走向罪恶的深渊。在以后的几年里,又补充了十三项法令,变本加厉地迫害犹太人,使他们在德国无法正常生存。因此,纽伦堡被选为纳粹审判地深含象征意义。同时,纽伦堡法院具有良好的审判条件,也是被选为

[①] 罗伯特·杰克逊(1892—1954),出生于美国宾夕法尼亚州,曾出任美国司法部长(1940—1941)、美国联邦最高法院大法官(1941—1954)。在纽伦堡审判中,出任美国总检察官。

[②] 参见萧瀚《法槌十七声:西方名案沉思录》,法律出版社,2007,第197—199页。

二战是人类历史上规模最大的一场战争,1939年全面爆发,1945年结束。交战国一方为轴心国德意日及其仆从国保加利亚、罗马尼亚、匈牙利等,另一方为英法中美苏等反法西斯同盟。战争在欧亚非等地展开,交战国家61个,共有20亿以上的人口卷入,伤亡人数达9000万以上,财产损失4万多亿美金,以反法西斯同盟的胜利告终。在二战结束前,反法西斯同盟决定在战后对纳粹战犯实行审判。欧洲轴心国战犯的审判在德国纽伦堡进行。参见姚介厚、李鹏程、杨深《西欧文明》(下),中国社会科学出版社,2002,第986页。

这次国际性审判地的原因之一。① 从1945年到1949年，在纽伦堡进行了12次大型审判，其中涉及的被告人超过100名。但是，令后人经常回忆起的还是第一次审判，即针对21名纳粹头目的审判和惩罚，因为它确立了最初的规则。审判长是英国的杰弗里·劳伦斯大法官。苏联的鲁登科中将、美国的杰克逊法官、英国的肖克罗斯爵士、法国的德芒东分别作为四国首席代表起诉。②

二、审判过程、结果

1945年8月29日，杰克逊和其他同盟国的起诉人，在国际军事法庭宣布对24人进行起诉。

在个人被起诉的同时，还有六个犯罪集团和组织也被起诉：德国内阁、德国民族社会主义工人党（纳粹党）政治领袖集团、党卫队、盖世太保和保安勤务处、德国民族社会主义工人党冲锋队、参谋总部和国防军最高统帅部。法庭开庭后，由首席检察官、美国的杰克逊大法官首先宣读总起诉书，他主要针对纳粹的共同密谋与策划罪行起诉。随后，苏英法等国诉讼代表陆续发言，控诉纳粹德国的反和平罪、反人道罪。旁听席上的不少德国人听到纳粹党人所做的一切，也为之震惊。③

---

① 在经济危机和人民群众革命斗争的双重打击下，为了摆脱1919年与英、法、美、日等战胜国签署的《凡尔赛和约》的束缚，德国垄断资产阶级将希特勒推到前台。1933年1月30日，希特勒出任德国总理，开始了纳粹党在德国长达12年的法西斯统治。在宪政法制方面，法西斯政权操纵德国国会，通过了一系列旨在破坏资产阶级民主与法制、强化希特勒个人专制独裁的法律。例如，1933年3月23日通过的《消除人民和国家痛苦法》（"授权法"）将所有权力集中到希特勒一人之手。在民事法律方面，法西斯政权一方面加强对垄断组织的扶持力度，另一方面在德国推行种族歧视和种族灭绝政策，强调保护日耳曼人血统的"纯洁"，驱逐、迫害其他民族，尤其是犹太民族。1933年9月29日通过的《世袭农地法》，培养了富农阶层，以巩固法西斯政权在农村的统治基础，又为军工企业以及即将发动的侵略战争提供了大量的劳动力和兵源。在刑法领域，抛弃了1871年德意志帝国刑法典中确立的一些自由主义的资产阶级刑法原则，复活了中世纪的一些残酷刑罚，宣扬种族主义和恐怖主义。至于法西斯政权在法外用刑、集中营内屠杀的事例，更是触目惊心。参见何勤华主编《德国法律发达史》，法律出版社，2000，第38—39页。

② 实际要审判24名，1名缺席审判，1名死亡，1名因为身体原因未到庭。

③ 纳粹党：德国政党，全名德意志国家社会主义工人党（简称国社党），又译为德国民族社会主义工人党。"纳粹"是德语Nationalsozialist（国家社会主义者）一词的德文简写Nazi的汉语音译。1921年6月29日，希特勒任党主席。

第二十一章 纽伦堡审判：法西斯的三大罪名

起诉完毕，依照程序，劳伦斯大法官依次审问每一位被告。尽管几乎所有的罪犯都狡辩和抵赖，但是法庭强有力的证据证明了他们的罪行，最具有讽刺意味的是，这些证据大部分都是罪犯们自己在实施罪行以后的严格记录。

1946年9月30日，长达248天的审判进入最高潮，纽伦堡国际军事法庭宣读了长达250页的判决书。判决书历数了德国纳粹党产生、夺取政权、巩固政权、重整军备、共同密谋和策划侵略战争，侵占奥地利和捷克斯洛伐克、侵略波兰、入侵丹麦和挪威、入侵比利时、入侵荷兰和卢森堡、侵略南斯拉夫和希腊、违反国际条约、杀害和虐待战俘及平民、掠夺公私财产、强制劳动、迫害犹太人等罪行，以及犯罪组织的罪行，然后是各个被告的罪行。

法庭根据国际军事法条例第二十七条之规定，宣布对各战犯的判决。

判决如下：

判处绞刑者十二名：赫尔曼·戈林①、约阿希姆·里宾特洛甫②、阿尔弗雷德·罗森堡、威廉·凯特尔、尤利乌斯·施特莱彻、阿尔弗雷德·约德尔、弗里茨·绍克尔、汉斯·弗兰克③、威廉·费利克、恩斯特·卡尔登勃鲁纳、阿图尔·赛斯-英夸特、马丁·鲍曼（缺席审判）。

判处无期徒刑者三名：鲁道夫·赫斯④、瓦尔特·冯克、埃里希·雷德尔。

判处二十年徒刑者两名：巴尔杜尔·冯·席纳赫、阿尔伯特·斯佩尔。

---

① 赫尔曼·威廉·戈林（1893年—1946年），纳粹德国空军元帅，纳粹德国帝国元帅，德国纳粹党的二号人物，希特勒曾指定的接班人，国会纵火案和组建秘密警察盖世太保的元凶。他既是德国法西斯政治、经济与军事的首脑，也是制定奴役劳工计划、镇压残杀犹太人和其他种族的主谋，是二战中的法西斯主犯。

② 约阿希姆·冯·里宾特洛甫（1893—1946），希特勒政府时曾任驻英国大使和外交部长等职务，对促成德日意三国同盟起过重要的作用。此外，里宾特洛甫直接参与了闪击波兰、入侵捷克斯洛伐克和苏联的战争。二战后被英军抓获。

③ 汉斯·弗兰克（1900—1946），德国驻波兰占领区总督。原是工业律师及法学教授。1923年加入纳粹党。1939年被任命为德国驻波兰辖区最高行政长官，在任期间，参与大肆屠杀和残酷奴役波兰人，并积极推行灭绝犹太人的计划。

④ 鲁道夫·沃尔特·理查德·赫斯（1894—1987），1920年加入纳粹党，成为希特勒的亲密朋友、忠实信徒、私人秘书。1933年4月21日，赫斯被任命为纳粹党副元首。同年6月29日，赫斯还被任命为德国不管部长，统管除外交政策和武装部队以外的一切事务。1941年5月10日，赫斯飞英，自称执行人道使命，希望德英双方结束流血战争，但最终被英方拒绝，并被转移到伦敦塔软禁。后被判为无期徒刑后。1987年8月17日，赫斯乘看守人员不备，在狱中自杀身死，终年93岁。赫斯是关押时间最长，也是级别最高的发动二战的纳粹战犯。

判处十五年徒刑者一名：康斯坦丁·冯·纽赖特。

判处十年徒刑者一名：卡尔·邓尼茨。

被告弗兰茨·冯·巴本、亚尔马·沙赫特、汉斯·弗里茨彻被宣判无罪，予以释放。

以下各组织被宣判为犯罪组织：德国民族社会主义工人党政治领袖集团、盖世太保和保安勤务处、党卫队、德国内阁、参谋总部和国防军最高统帅部。德国民族社会主义工人党冲锋队则被宣告无罪。①

法庭宣判完毕后说明，不服判决者可在四天之内向盟国和德国管制委员会提出上诉。

1946年10月1日下午，纽伦堡法庭正式闭庭。

退庭之后，里宾特洛甫、弗兰克、赛斯-英夸特、席纳赫、斯佩尔、邓尼茨六人先后上诉，请求减刑。雷德尔、约德尔和戈林则上诉请求改绞刑为枪决。但上诉均被驳回，法庭一律维持原判。

行刑日期定在1946年10月16日。②

纳粹头号战犯戈林因成功地服氰化钾自杀而侥幸未上绞架。戈林刚刚投降的时候，还被美国军人看成战场上的老朋友而待遇优厚，他还以为自己是个高级降将，不会有什么麻烦，过不久就会出狱。因此，当他得知要接受审判时，采取了完全对抗的姿态，被判处死刑的结局是戈林起初做梦也没想到的。战时的波兰总督弗兰克也曾误以为自己会得到厚待，甚至以为自己的日记对盟国有贡献，可以高枕无忧，但是审判的结果使他为自己的罪行而憎恨自己，从而产生了发自内心的真诚忏悔。

---

① 冲锋队一度是希特勒和纳粹党的暴力工具，先后参加过从事破坏革命运动、冲击其他党派群众集会及进行街头殴斗等活动。后参加1923年11月8日的啤酒馆暴动。希特勒出狱后，罗姆重组冲锋队，人数最多时，据称达300万之众。由于其成员中部分人的衣着和粗暴的行为等，故又有"褐衫打手""强盗冲锋队""杀人犯冲锋队"等外号。因为罗姆与希特勒的矛盾、冲锋队与纳粹党内部部分高层以及德国国防军的矛盾等，其在1934年6月30日、7月1日被清洗（所谓"长刀之夜"），包括罗姆在内的数百名冲锋队员在未经审判的情况下即被处决。当然，在这次行动中，希特勒对于其他异己分子同时大开杀戒。纽伦堡审判中的相关统计表明，有1076名人员先后死于这次行动（部分人员并非立即死于"长刀之夜"，而是在之后数年内被杀害）。冲锋队其实并未在"长刀之夜"全部被清洗，它的为数不多的成员甚至还参加了1945年的总理府"保卫战"。信息来源：冲锋队—360百科，访问日期：2019-05-02。

② 参见萧瀚《法槌十七声》，第200—201页。

1946年10月16日1时11分,里宾特洛甫第一个上绞架。随后,罗森堡、凯特尔、施特莱彻、约德尔、绍克尔、弗兰克、费利克、卡尔登勃鲁纳、赛斯-英夸特也依次被送上绞架。

到2时许,十一名死囚全部结束了罪恶的生命。①

三、案件点评

纽伦堡审判是人类历史上的一件大事,意义极为深远,影响力巨大。

在人类文明史上,战争一直是挥之不去的阴影,对人类社会和文明进程造成的灾难和创伤不计其数。第一次世界大战结束后不久,取得战争胜利的协约国一方曾有意对德皇威廉二世进行审判,但后者逃入荷兰,逃过了审判。一战后,依据《凡尔赛条约》建立起来的所谓凡尔赛体系对于战败国德国的惩罚过于严厉,非但没有收到预期的效果,反而激发了德国的不满和民族情绪,并为希特勒等人领导的德国纳粹党所利用。最终在大约20年后,一场规模更大、毁灭性更大的战争即第二次世界大战爆发,这场战争给人类造成的打击也更为严重,值得反思的地方也更多。②

二战后不久,针对德国、日本战犯的审判,不应仅仅视为战胜国一方对战败国一方的审判,而应视为正义对邪恶的审判。

当然,这场审判由于涉及众多的战犯,其难度可想而知。但是,公诉人、主审法官等发挥了极度的智慧和胆略,创设或确立了战争罪等三项罪名,制定

---

① 上述材料请参见林正主编《雄辩之美》,新华出版社,2000;Douglas Linder, "The Nuremberg Trials," *Famous Trials-UMKC School of Law*;[美]托马斯·帕克主编《开庭:改变人类进程的115件世纪大案》,刘璐、张华伟等译,海潮出版社,2000,第764页。

② 《凡尔赛条约》使得德国失去自身领土的1/8,人口减少了1/10,殖民地由英、法、比、日等战胜国以"委任统治地"的形式瓜分。条约规定德国在中国山东的一切权益移交给日本,引起中国人民的极大愤怒,成为"五四运动"的导火索。此外,德国只可保留10万人的志愿官兵,不得拥有飞机、坦克、潜水艇和海上舰只(少数几艘轻型舰艇除外)。条约规定撤销德国参谋本部;禁止其在莱茵河流域设置军事工事和保留部队,以防止其对法、比发动进攻。德国及其盟国要对其侵略战争中对协约国造成的损失赔偿1320亿元的金马克(实际上赔偿了很小的部分,希特勒上台后将其一笔勾销);德国负担驻德协约国占领军的全部费用。参见姚介厚、李鹏程、杨深《西欧文明》(下),第942—949页。

了严格的审判程序,最终将一大批战犯绳之以法。

总结1933—1945年的德国法律,我们发现,其并未抛弃法律的形式或者外壳,而且,立法的数量并不算少。但是,因为纳粹德国的法律践踏了基本的人权与自由,因而在二战后遭到清算,并引发了人们的反思和警惕。如果说一战的性质多少有些模糊(列强争霸/帝国主义战争),则二战的责任无疑应当由侵略者一方承担。二战的性质可以说是侵略与反侵略的战争,故而纽伦堡审判(包括后来的东京审判)的一大意义就在于对于侵略者的正义审判。应当说,二战后对于纳粹德国的清算较为彻底、成功。而同为主要侵略国的日本,由于种种原因,尽管受到一定的制裁,却没有得到较为彻底的清算和反省。

四、知识点、重难点

现代法西斯主义的思潮可以从1914年算起。当然,其形成气候是在一战后的意大利:巴黎和会外交上的失败、经济危机及其引发的通货膨胀、持续不断的工人罢工以及随之而来的社会动荡等是导致法西斯组织在意大利逐步得势的原因。相比于意大利,德国的法西斯主义思潮与之几乎同时产生,但是其取得支配德国国家权力的机会则要迟至1933年。[1]国外学者的相关研究显示,1920年代的28个欧洲国家中,有26个国家实行议会民主制度;到了1940年代末,只有英国、爱尔兰、瑞典、芬兰、瑞士五国实行议会民主制度。[2]

值得注意的是,希特勒及其纳粹党是通过合法手段登上德国政治舞台的(1933年1月30日,希特勒被当时的德国总统兴登堡依法任命为德国总理),纳粹党的支持者主要是当时德国的农民、小商人、政府的公务员和年轻人。在1930年和1932年的选举中,纳粹党成为德国的第一大党,尽管并未达到议会中的多数。[3]

---

[1] 参见姚介厚、李鹏程、杨深《西欧文明》(下),第942—949页。
[2] Mark Kishlansky, Patrick Geary and Patricia O'Brien, *The Unfinished Legacy: A Brief History of Western Civilization* (Volume II)(Harper Collins College Publishers, 1994), p.815.
[3] Mark Kishlansky, Patrick Geary and Patricia O'Brien, *The Unfinished Legacy*, pp.817-818.

德意日法西斯在一战后的崛起及其挑起的第二次世界大战给人类社会带来了深重的灾难，因而必须予以清算。①

为了收集指控欧洲战场上战争嫌疑犯的证据，包括美国、英国在内的15个国家（没有苏联）成立了联合国战争罪委员会，该委员会于1943年10月26日在伦敦首次召开会议。随后，1943年11月1日，美、英、苏三国首脑发表《莫斯科宣言》，宣称战争结束以后将对战争罪犯进行审判。二战结束之后，以罗斯福为首的美国国内倾向于对纳粹战犯进行严格程序下的审判。1945年1月22日，美国国务卿、国防部长、司法部长向罗斯福总统建议，他们认为虽然德国无条件投降之后，联合国能够无须审判就处死希特勒、希姆莱等纳粹罪犯，而且这样做有明确、迅速处理问题的优点，但是它违反了联合国通行的基本正义原则，并且将促使德国人转移罪犯，最后只有极少的罪犯伏法。因此，"我们认为，公正、有效地解决问题的方式在于使用法律手段。在审判之后，宣告这些罪犯有罪，才能进一步最大限度地赢得我们这个时代的公众的支持，并且赢得历史的尊重"。"除此而外，使用这种法律手段，将使全人类在未来的岁月里，能获取研究纳粹罪行与犯罪程度的真实记录。……要通过国际军事委员会，或是由联合国中的相关国家首脑制订的现行协议而组成的军事法庭，对这些要犯进行审理。……这样的法庭，可以由四强指定的人员来组成，这四强即英、美、法和苏联，当然，其他同盟国也可指定人员参与。"

因此，虽然英国政府认为"不需要审判的处死是最可取的办法"，但经过协商，同盟国最后一致同意按照相应的法律程序审判德国战争罪犯。②

为此，美国联邦最高法院大法官罗伯特·杰克逊被杜鲁门总统任命为代表美国的主要起诉人。杰克逊大法官成为纽伦堡审判的首席公诉人，而且整个纽伦堡审判过程，不夸张地说，基本上是按照他拟定的思路进行。杰克逊大法官十分清楚自己的角色和重任，也知道自己将对这个世界可能产生怎样的影响。他甚至想到了在自己百年之后必须有人为他在纽伦堡审判这一史无前例的审判中的行为的正义性辩护，以至于将儿子杰克逊中尉招募到身边工作。正如《纽

---

① 意大利在二战结束前推翻了墨索里尼的独裁统治，并加入反法西斯阵线，因而免于战后的审判。
② 林正主编：《雄辩之美》，第222页。

伦堡大审判》的作者约瑟夫·E.珀西科对杰克逊大法官的评价——"杰克逊已经开始确信,对战犯的审判不应仅仅标志着权力优胜者的胜利,而且还是道德优胜者的胜利。他现在所处的地位,使他有可能对未来施加影响,未来的侵略战争将不再被顺从地视为极度激化的政治行动,而是将它当作犯罪,将侵略者当作罪犯。那将是文明史中最大的飞跃。确实,这将超越他以前所做的任何事,包括他在最高法院的工作。"①

杰克逊大法官做了大量准备工作。他认为,如果在任何情况下可以处死一个人,那么,就没有理由再审判,这个世界也就不会对法庭产生尊重,而法庭原本就是为了让罪犯服罪而建立的。在这种信念的支配下,杰克逊组成了一个律师团体来收集纳粹罪证,同时为纽伦堡审判进行法学理论的梳理。他还在伦敦开设办事处,与英、法、苏的代表磋商起草章程、组织形式和诉讼程序等有关事宜。他不仅是美国在纽伦堡的主要起诉人,而且是参加1945年6月至8月在伦敦举行的四强谈判的总统代表,国际军事法庭的条约就是在那里拟订的。因此,杰克逊拥有这样一种权力:在他之前或之后,起诉人都没有他那样的权力。杰克逊创造了这样一个人类文明史上从未有过的法庭,并且形成了相应的法律程序,为了使得审判圆满完成,他向英、法、苏联的代表作了让步,竭力使英美法系与大陆法系相协调。

最后,作为一种妥协的产物,由杰克逊和其他同盟国代表起草的《国际军事法庭宪章》于1945年8月8日经过各国代表签署而出台生效。这是一个国际执行条约,宪章规定允许成立一个独立的4人法官小组(分别由美、英、法和苏联政府任命),该小组负责起草自己的工作程序和规则,并且有权给被告定罪量刑,只要小组中有3个人同意,定罪和量刑即可成立。宪章严格保证被告对有关自己被起诉的罪行细节进行了解的权利,以及得到律师帮助的权利、法庭代为盘询证人的权利,它还保证为被告方辩护的权利,以及保证被告按照法定程序被审判的权利。宪章的这一思路是法治国家最典型的保证犯罪嫌疑人基本诉讼权利的思路,体现了法治国家基本的司法准则。另外,宪章第15条要求

---

① [美]约瑟夫·E.珀西科:《纽伦堡大审判》,刘巍等译,上海人民出版社,2000,第32页。

同盟国的主诉检察官承担"调查、搜集和编写所有必要的证据"等程序义务。①针对苏联代表认为程序过于严格的质疑,杰克逊认为:"法官们将调查证据,并得出一个独立的决定……这就是为什么在最初,美国的立场就是这里必须要有审判,而不应该是政治迫害……我不同情那些人(比如,那些可能的被告),但是,如果我们决定要有一个审判,那么,它必须是一个真正的审判。"②

正是在以杰克逊大法官为首的国际军事法庭各国代表的努力下,纽伦堡审判的前期工作圆满地完成了。审判期间整个司法过程的巨大而艰辛的工作也是前所未见的:1945年11月20日审判开始,花费了216天时间,33位证人到庭作证,因起诉受到法庭盘询,61位证人为19个被告的辩护作证,另外还有143个证人通过询问而为被告的辩护提供证词。整个审理过程和记录均同时使用4种语言——英语、法语、德语和俄语。法庭每天都根据起诉方和被告方所有律师

---

① 1945年8月8日,苏、美、英、法在伦敦签订了《关于控诉和惩处欧洲轴心国主要战犯的协定》及其附件《欧洲国际军事法庭宪章》(后又有希腊等19个国家加入),据此成立纽伦堡国际军事法庭。根据宪章规定,纽伦堡国际军事法庭有权审判和处罚一切犯有违反和平罪、战争罪和违反人道罪的德国主要战犯及犯罪组织(第6条)。法庭应由四名法官及各指派一名助理组成,四个签字国各应任命一名法官和一名助理(第2条)。对于法庭、法官、助理、检察官,被告或其辩护人都不得申请回避。"每一签字国得因健康上之理由或其他正当理由而更换其在本法庭之审判官或其助理,但在某一审讯案件进行中,除以助理递补外,不得有更换情事。"(第3条)审判时"必须有本法庭审判官四人全体出席,或任何一人缺席时由其助理出席,始能构成法定人数"。庭长由法官推选(除非经审判官三人表决提出了其他办法),原则上轮流担任。"但当本法庭于四签字国之某一国领土内开庭时,该某一国在本法庭之审判官,应担任庭长。""除上述情形外,本法庭应以过半数之投票而为决定;如双方投票相等时,庭长之投票有决定性效力;但无论何时,定罪与科刑之决定必须至少有本法庭审判官三人投赞成票。"(第4条)宪章第14条规定,"每一签字国为侦查主要战争罪犯之罪状及起诉,应各指派检察官一人",组成侦查与起诉委员会。侦查与起诉委员会"对于一切事项,应以过半数之投票决定之,并为便利计,按照轮流之原则指定一人为主席;但如对于应受本法庭审判之某一被告之指定或该被告应被控诉之罪名,双方之投票相等时,则应采取主张该被告应受审判或对该被告提起诉讼之检察官之意见"。纽伦堡国际军事法庭的审讯,基本采取的是英美法系的诉讼程序。宪章第24条规定:"审判程序将照下列顺序进行:1.起诉书应于本法庭宣读之。2.本法庭应讯问每一被告,究愿承认'有罪'或'无罪'。3.检察官应作起诉开始之陈述。4.本法庭应讯问检察官和被告,彼等有何种证据可提出于本法庭,该项证据是否采纳应由本法庭决定之。5.检察官方面之证人应先被讯问,其次讯问被告方面之证人。此后如经本法庭之许可,检察官或被告双方得提出互相反驳之证据或证人。6.本法庭得于任何时间,对于任何证人与任何被告,加以任何讯问。7.检察官与被告均得诘问并反诘任何证人及任何作出证言之被告。8.被告向法庭陈述意见。9.检察官向法庭陈述意见。10.每一被告得向本法庭作一次最后陈述。11.本法庭宣告判决及刑罚。",为了不致因英美法系繁复的证据规则而影响对德国主要战犯的迅速审判,宪章第19条规定:"本法庭应不受技术方面证据规则之拘束。本法庭在可能之范围内,得采取及适用简易迅速而非技术性之程序,并得采纳其所认为有证据价值之任何证据。"参见《国际条约集(1945—1947)》,世界知识出版社,1959。

② 参见林正主编《雄辩之美》,第224页。

的要求，提供其所需语言的审判材料副本。单是英语的诉讼副本就多达1.7万页。在准备审理此案期间，从盟军获取的德国文件中，有多达10万份文件被查看，其中有大约1万份文件被挑选出来，作为可能具有证据价值的文件而被重点审查。

杰克逊实现了他和美国政府为纽伦堡审判制定的目标：独立法庭基于检察官提供的证据，进行公正的审判，使罪犯和犯罪集团接受应有的惩罚。也正是在如此严格的程序保障之下，法庭才会在面对纳粹头号战犯戈林的狡辩"你们没有资格审判我"的时候，不费口舌地告诉罪犯不得以"你也不例外"作为抗辩的理由，因为同盟国对纳粹德国的战争是完全自卫的正义战争，同盟国是在纳粹德国犯下累累罪行的时候奋起的抗暴战争，盟国对战犯们的审判是基于他们完全公开的罪行。正如杰克逊说的："这是对自该隐以来即被认为是犯罪的罪行审判"，盟国作为胜利者的审判是因为只有胜利，审判才有可能，就好比要审判小偷和杀人犯，只有先抓住他们。因此，这不是胜利者对失败者的审判，不是成王败寇的强权审判，而是正义对邪恶的审判。

当杰克逊大法官受命组织纽伦堡审判的时候，最令他头疼的就是如何找到一个有效的方法，将所有的纳粹罪犯一网打尽。经过思考和商讨，杰克逊大法官决定确立一个规则，即张开一张大网，只要纳粹们身居网中，即表明其有罪。他接受了助手伯奈斯的建议，认为纳粹政权是一个犯罪集团，一个阴谋集团。纳粹的全部行动都是蓄意的、协同一致的，旨在全力寻求战争，强行开疆拓土、攻城略地，攫取他国财富，奴役和剥削其人民，灭绝欧洲的犹太人。如果可以确定纳粹的全部行动都是罪恶阴谋的产物，根据事实本身，那些制造这些行动的人就是罪犯。这一方案的主旨在于擒贼先擒王，抓住阴谋策划者，尽管他们自己没有具体实施犯罪。杰克逊还接受了伯奈斯的第二个想法，即将纳粹的组织机构，如纳粹党、党卫军、盖世太保确定为犯罪组织，这样就可以抓住身份较低的战犯，只要证明党卫军是犯罪组织，就不必去大海捞针逐个证实每个成员都是罪犯，进行几乎不可能的工作。另外，杰克逊还将这些设想落实到具体的罪名上，即后来被《国际军事法庭宪章》吸收而确定的三项罪名：

1. 反和平罪：策划、准备、挑起或进行一场侵略战争，或违反国际条约、协议和保证的战争，或参与实施上述任何罪行的一个共同计划或阴谋的罪行。

2. **战争罪**：违反战争法规或惯例的罪行。这种罪行包括但不限于杀害、虐待、放逐、奴役占领区的平民，杀害或虐待战俘、海上人员，处死人质，掠夺公共或私人财产，野蛮毁坏城镇和村庄，或以假借军事需要为名而进行的蓄意破坏。

3. **反人道罪**：战争发生前或战争期间对于任何平民的杀害、种族灭绝、奴役、放逐的非人道罪行，或是以政治、种族、宗教为由而实施的迫害。无论它是否违反犯罪所在国的法律，只要该迫害属本军事法庭判决权限之内或与之相关，均属此罪。

杰克逊大法官为确立这三大罪名做出了贡献，[①]为纽伦堡审判完成法律的实体正义扫清道路；后来这些罪名也成为远东国际军事法庭审判日本战犯的重要规则，更成为全世界公认的基本国际法准则。正是确立了这三项罪名，侵略战争才在人类基本生活准则意义上成为罪行。而且这三项罪名第一次使得某些国内法成为恶法，也就是非法律意义的法，自然法获得了真正的胜利。[②]

五、思考题

（1）纽伦堡审判的意义有哪些？

（2）它是一场胜利者对于失败者的审判吗？还是一场正义对于邪恶的审判？为什么？

（3）这次审判确立的三项罪名即反和平罪、战争罪、反人道罪分别指的是哪些内容？这三项罪名对于"恶法亦法"的观念有何冲击作用？

（4）相关证据在这场审判中起到的作用如何？

（5）你认为纽伦堡审判面临的困难有哪些？

[①] 在此之前，罗斯福总统即有确立战争罪罪名的想法，因此，严格说来杰克逊并非首创此罪名者。
[②] 参见萧瀚《法槌十七声》，第201—208页。

第二十二章　高树案：允诺禁反言原则的确立

(英国，1945 年)

一、案件由来

原告于1937年将伦敦的一套公寓楼出租给被告,租期为99年,从1937年9月起算,租金为每年2500镑。

由于第二次世界大战爆发,很多人离开伦敦,因此,租住公寓的人很少。被告无力支付房租,所以双方于1940年11月协商同意将租金减半征收。但是,当时没有说明期限。到1945年战争结束时,公寓重新客满。于是,原告写信给被告要求被告支付全额租金。被告主张1940年的协议应该持续到整个租赁协议期满;换句话说,由于原告没有在1945年9月前要求支付超出的1250镑,这就表明他放弃了要求支付超出金额的权利。[1]

二、审判过程、结果

法官丹宁(Alfred Thompson Denning)的判决意见:

> 我确信这个协议只是在出现特殊情况时所采用的权宜之计,在那种情况下只有小部分公寓被租了出去。但这个协议并没有提到如果接下来发生当公寓全部被租出去的情况……如果不考虑近来法律的发展,那么,毫无疑问原告的整个诉讼请求就会得到支持。这是一份蜡封的租赁协议,在普通法上它不能以口头或是书面的形式来修改,而只能以签字蜡封的契据来修改;但现在衡平法已经涉入,法院可以赋予书面修改以法律效力。然而,这个衡平法的规则可能在这里很难被适用。因为,律师会主张本案中不存在对价。就禁止反言规则而言,在本案中,对于降租的陈述并不是对于既存事实的陈述,而这一点则是普通法上禁止反言规则的要件之一;本案中

---

[1] 参见[日]藤仓皓一郎、木下毅、高桥一修、樋口范雄主编《英美判例百选》,段匡、杨永庄译,北京大学出版社,2005,第429—432页。

的陈述是对将来的陈述——以后不会以全额来征收租金而只以减半后的金额来征收。在普通法上,这并不能援引禁止反言的抗辩。因为,在乔登诉麦尼案的判决中指出对将来的陈述必须被包含在合同中,要么就什么也不是。

……毫无疑问,一个符合逻辑的结果是——如果承诺接受一个较小的数额来清偿一个较大的数额,在其被付诸行为后,它便是具有约束力的,无论它是否缺少对价。如果是普通法与衡平法的融合而产生了这一结果那就更好了。

到现在想要划分出普通法与衡平法的界限是没有什么意义的。它们已经被融合在一起长达70年。任何问题都要混合两者进行考虑。……我确信这样的允诺在法律上是有约束力的,而剩下的问题就是这个允诺在本案中的期限。根据所提供的证据,我确信这一减半征收租金的允诺只是暂时采用的权宜之计——它只适用于公寓没有被全部或实质上全部租出去的情况。这就表明这一减免只适用到1944年底。但在1945年初这些公寓被全部租了出去,收到的租金也远远超过了原来的预期,从中得到的收入也是相当可观的。

在我看来,到1945年初时,适用减半征收租金的条件已经一去不返了。我相信双方当事人都知道这一协议只适用于只有部分公寓被租出去的情况,而不会适用得更远。在1945年初,公寓被全部租出去的时候,这个协议也就停止适用了。

在这种情况下,我判决:到1945年9月29日结束的这个季度的租金以及此后到1945年10月25日这个期间里的租金必须全额支付。如果这是一个禁止反言的案件,那么,应该说,禁止反言停止适用的时间就是产生这个允诺的条件停止的时间或是给出通知的时间。但是在任何案件中,这只是考察诺言期限的一种方法。我更愿意适用这样的规则,即意图受到约束付诸行为并确实付诸行为的允诺在其条款合理适用的期间内一直具有约束力。本案中,这个允诺适用的期间一直持续到1945年初,而此后就必须支付全额租金。①

---

① 参见［日］藤仓皓一郎等主编《英美判例百选》,第429—431页。

三、案件点评

高树案为丹宁勋爵在初任英国高等法院法官时的成名判决之一，也是当代英国契约法上有关约因制度的一个重要判例。根据传统的英美契约法，一个诺言能否强制履行，要看对方是否提供了足够的约因（consideration）[1]，如果没有约因就不能强制执行，除非该诺言以书面盖印形式出现。当然，为了维护公平，防止允诺人出尔反尔，从而给对方造成损失，衡平法创制了一项"衡平禁反言原则"（equitable estoppel）。该原则的含义是，如果允诺相对人由于相信允诺人所作的无偿赠予的允诺而相应地作为或不作为，以致造成损害，法院可禁止允诺人为与其先前允诺相反的陈述或主张。高树案的判决则是对"衡平禁反言原则"的重要补充，进一步将其发展为"允诺禁反言原则"（the doctrine of promissory estoppel）[2]。因为前述衡平禁反言原则仅适用于允诺人向对方作出了虚伪的允诺，而对方信以为真的情形；允诺禁反言原则适用于允诺人的允诺系真实的意思表示的情形。

在高树案中，原告提出，根据1602年平内尔诉科尔案（Pinnel v. Cole）所确立的原则，债权人对债务人偿还部分欠款抵销全部债务的允诺无效，因为债务人并未对此提出约因。因此原告有权恢复原租金，并追偿1939年到1945年公寓闲置时少收的租金。但是，丹宁勋爵认为，原告有权在战争结束后将租金恢复到原来的水平，然而，"平内尔原则"在本案中不适用。在战争期间，承租人

---

[1] 约因，或译"对价"，是英美契约法中特有的制度。这一制度意为：契约当事人必须做出某种"付出"，或是履行某种行为，或是承诺不实施某种合法行为。而当事人之所以做出这种牺牲，是为了从对方当事人那里获得一定的给付或承诺。参见何勤华主编《英国法律发达史》，法律出版社，1999，第265页。

[2] 允诺禁反言原则，是处理因为缺乏对价不能执行、但基于对受诺人信赖行为进行保护的必要而使其足以执行的那些无偿允诺，是在对价原则之外的一种原则和制度。它是二战后的一种全新理论和制度，被认为是对英美合同法及对价原则的重大革命。参见高鸿钧等主编《英美法原论》（上），北京大学出版社，2013，第732页。

相信了原告的承诺继续住了下去。①原告怎么能在降低租金，鼓励承租人留下，在他们相应地调整了开支与收入之后自食其言呢？丹宁勋爵根据衡平法的基本原则，进一步提出了"允诺禁反言原则"，即"如果债权人对债务人已表示接受少数数目以清偿较大数目之债务，经债务人业已履行，纵然债务人未给予债权人其他之酬劳或约因，此项约定即生效力，禁止债权人再违反先前之允诺"。所以，原告无权追偿战争期间少收的二分之一租金。

四、知识点、重难点

丹宁勋爵的思路是，在本案中，至少存在一个表面上的合同，即双方当事人用书面合同修改了原来的蜡封契据。这一做法在过去是没有法律效力的。但是，现在衡平法承认这一做法有效。但原告仍可以主张这一修改没有法律约束力，因为它缺乏对价。在本案中，也无法适用衡平禁反言理论，因为这是对将来的允诺，而不是对既存事实的陈述。

现在法律的发展已经出现了一系列案例，在这些案例中出现了这样一类允诺：做出允诺的当事人意图使允诺产生约束力，并且其在做出允诺时意识到对方会基于对允诺的信赖而行为，而对方确实付诸行为。法院有时会判决这样的允诺是有约束力的，但其尚未和对价理论联系起来，将其作为对价理论的一种例外。在衡平法上的一些判决表明：衡平法不允许当事人违背诺言。将两者联系起来考虑，可以得出这样一个符合逻辑的结果：允诺接受一个较小的数额来清偿一个较大的数额，在其被付诸行为后，它便具有约束力，无论它是否缺少对价。这样，允诺的效力得到确认。这就是著名的允诺禁反言原则。

然而，对于允诺禁反言原则，英国法院持一种保守的态度。在运用中，主要有三点限制：受诺人要有损害的存在；禁止反言的期间限制；允诺禁反言的

---

① 平内尔原则，即债务的部分履行不能算是对价。如果债权人在债务人归还部分欠款的情况下，允诺因此免除债务人的全部债务，那么债权人的允诺不受法律约束，因为债务人并未对此允诺提供新的对价。该规则最早在1602年平内尔案中得以确立，此后，1884年上议院在审理福克斯诉比尔案（Foakes v. Beer）时重申了这一规则。参见郭义贵、方立新主编《外国法制史》，清华大学出版社，2010，第201页。

原则不能产生独立的诉权，而只能产生抗辩权。

例如，在1951年的库姆诉库姆（Combe v. Combe）一案中，被告（丈夫）在与原告（妻子）离婚时，同意每年向她支付一笔赡养费，故原告没有向法院提出令被告支付赡养费的要求。后来，原告因一直未得到赡养费而起诉被告。丹宁判决原告胜诉。

总之，允诺禁反言原则是一个弹性较大的规则，其适用的目的主要是防止因缺乏对价而产生的不公平的情况。其核心思想为信赖理念，法院可以以此来保护一方因信赖而导致的实际损害，从而在这种情况下抛弃对价理论对于合同的约束。应该说，允诺禁反言理论到现在已经很好地充当了对价理论的润滑剂，其积极作用是值得肯定的。[1]

高树案确立的允诺禁反言原则对英美契约法的发展产生了重要影响，至今仍在英国及英联邦国家广泛引用。

五、思考题

（1）"衡平禁反言原则"的含义是什么？

（2）为什么说高树案的判决是对"衡平禁反言原则"的发展？

---

[1] 参见杨俊峰主编《法律英语案例探究》，清华大学出版社，2007，第224—225页。

第二十三章 布朗诉托皮卡教育委员会案：
黑人民权运动任重而道远

(美国，1954 年)

一、案件由来

林达·卡萝尔·布朗（Linda Carol Brown）是一名八岁的黑人小女孩，她的父亲奥利弗·布朗是托皮卡一所教会的助理牧师。布朗一家居住在一个白人占多数的社区，离当地小学不远。根据堪萨斯州的法律，人口超过1.5万的城市可以设立种族隔离的学校。托皮卡教育委员会认为其管辖的小学应按种族分设。

布朗夫妇不想将他们的女儿送到专为黑人学生开办的学校，这所学校离家远，他们担心路上不安全。而他们家附近的学校不错，布朗夫妇希望女儿接受正常的教育。但他们的要求遭到拒绝。于是，他们提起诉讼，挑战种族隔离的学校制度，因为其侵犯了他们的女儿根据宪法第十四条修正案平等保护条款获得的权利。[①]

二、审判过程、结果

最高法院将布朗案与其他四桩类似案件（分别来自特拉华州、弗吉尼亚州、南卡罗来纳州以及哥伦比亚特区）一并审理。由于经过多次辩论，直到1954年5月17日，最高法院才对布朗案作出裁决。新上任的首席大法官厄尔·沃伦（Earl Warren）也就得以有机会参加案件的全部审理。[②]

[①] 美国宪法第十四条修正案涉及公民权利和平等法律保护，最初提出是为了解决南北战争后昔日奴隶的相关问题。修正案备受争议，特别是在南部各州，这些州之后为了能恢复联邦国会中的议席而被迫通过修正案。第十四条修正案对美国历史产生了深远的影响，有"第二次制宪"之说，之后的大量司法案件均是以其为基础。特别是其第一款，是美国宪法涉及官司最多的部分之一。（美国宪法第十四条修正案第一款规定：所有在合众国出生或归化合众国并受其管辖的人，都是合众国的和他们居住州的公民。任何一州，都不得制定或实施限制合众国公民的特权或豁免权的法律；不经正当法律程序，不得剥夺任何人的生命、自由或财产；在州管辖范围内，也不得拒绝给予任何人以平等法律保护。）

[②] 厄尔·沃伦（1891—1974），美国著名政治家、法学家，担任过美国加利福尼亚州州长，1953年至1969年期间担任美国首席大法官。在其担任首席大法官期间，美国最高法院做出了很多涉及种族隔离、民权、政教分离、逮捕程序等的著名判例。2006年，沃伦被美国的权威期刊《大西洋月刊》评为影响美国的100位人物之一（名列第29位）。

沃伦代表最高法院作出对布朗一案的判决书（全体一致通过）。判决书中特别强调："我们的结论是，在公共教育领域，'隔离但平等'的原则是没有市场的。"①

三、案件点评

在不少人看来，布朗诉教育委员会案是20世纪以来美国最高法院作出的最引人瞩目和富有远见的判决。②"隔离但平等"的原则终于被推翻，最高法院也因此转变了过去的立场，在民权领域充分发挥自己正面、积极的司法职能，厄尔·沃伦时期（1953—1969）的美国最高法院被称为美国历史上"最自由"、最具"司法能动主义"的法院。

同时，沃伦法院也是颇有争议又很受尊敬的法院。③这种情况对于布朗案的最终判决无疑是一种极为有利的因素。

四、知识点、重难点

布朗案判决的一个重要背景是进入20世纪50年代以来，废除"隔离但平等"原则的时机已基本成熟。经过半个多世纪坚持不懈的努力斗争，黑人民权组织已积聚起一定的力量，对美国社会有不可忽视的影响力。布朗诉教育委员会案最终之所以取得胜利，与黑人民权组织如全国有色人种协进会的大力支持是分不开的。因此，布朗案可以被认为是两种截然不同的思想观念、两种对立的力量的争锋。

---

① Lee Epstein, Thomas G. Walker, *Constitutional Law For A Changing America: Right, Liberties, And Justice* (Washington D.C.: Congressional Quarterly Inc., 1992), pp.482-484.

② John W. Johnson (ed.), *Historic U. S. Court Cases, 1690—1990: An Encyclopedia* (New York & London: Garland Publishing, 1992), p.389.

③ William Louthan, *The United States Supreme Court: Lawmaking in the Third Branch of Government* (New Jersey: Prentice-Hall, Inc., 1991), p.5.

在1954年布朗案之前,种族隔离的坚冰已有所松动——例如在20世纪30年代,罗斯福总统执政期间倡导"种族革命";另如一些黑人已对普莱西案所确立的"隔离但平等"的原则发起了冲击,虽未取得预期的结果,但客观上已引起了公众的关注和思考,赢得了包括白人在内的一些美国民众的理解和同情。所以,种族隔离之墙在1954年被打破绝非偶然。

这里需要注意的是,尽管1954年布朗案的判决推翻了"隔离但平等"的原则,但美国黑人争取民权的斗争仍显得任重而道远。在一个种族歧视由来已久且根深蒂固的国度里,仅凭流血(如内战前的约翰·布朗)和战争(如死亡人数达60万的美国内战)并不足以摘除种族歧视的毒瘤。

例如,最高法院对布朗案作出判决后,在美国南方就招致了一些白人的反对和抵触。不少白人认为黑人不配享有与白人一样的教育,他们不想让自己的孩子与黑人小孩同校。南方一些州的州长宣称,他们将不听从最高法院的裁决,并组织了白人委员会来阻扰黑人白人同校,等等。其中,一个由来自南方的96名国会议员签署的所谓"南方宣言"(Southern Declaration On Integration)格外引人注目。这个"宣言"要求最高法院取消对布朗案的判决。① 这方面另外的一个数据是,在布朗案宣判十年后,南部十一个州内只有百分之二的黑人学生真正进入黑白合校的学校学习。② 在种族冲突较为剧烈的阿肯色州的小石城,围绕黑人学生进入小石城中心中学读书的问题,双方矛盾依旧不断。即使艾森豪威尔总统派出了联邦军队,仍然不时有当地白人青年挑衅;全国有色人种协进会在阿肯色州分会的领导人戴西·贝茨因为领导当地抵制小石城中心中学的种族隔离活动以及拒不交出全国有色人种协进会会员名单遭到报复,由此引发戴西·贝茨诉小石城案,该案一直到联邦最高法院才获得解决,前后历时两年左右。③

尽管布朗案遭到了许多白人的抵制,但该案的判决给美国黑人带来了极大

---

① Virginia Cyrus, *Experiencing Race, Class, and Gender in the United States* (California: Mayfield Publishing Company, 1993), p.271.
② 参见王希《原则与妥协:美国宪法的精神与实践》,北京大学出版社,2000,第391页。
③ 参见[美]彼得·伊龙斯《为权益而战》,上海市政协编译组译,上海译文出版社,1997,第115—129页。

的希望。即使最高法院没有马上要求黑人白人同校,美国黑人也意识到了时代在变化。当然,他们并非消极等待,而是积极投身于争取民权的斗争之中。这一进程历时约二十年,其间不乏激烈的冲突、对抗乃至暴力和流血。最终,到20世纪70年代后期,取消隔离"已成为社会现实"。①

美国联邦政府立场的转变也在某种程度上有利于黑人民权运动的发展。起先,艾森豪威尔总统对布朗案判决并无热情,只是消极地避免种族冲突。最终,1957年发生在堪萨斯州小石城的危机促使总统采取行动:1957年9月4日,堪萨斯州长奥维尔·福布斯(Orval Faubus)命令军队包围小石城中心中学,阻扰9名黑人学生入校。在联邦法官的一再命令下,福布斯撤走了军队,但不给黑人学生以任何保护。艾森豪威尔派驻联邦军队在该校达一年左右。福布斯州长的反应则是"宁愿关闭所有的公立学校也不让黑人白人学生同校"。后经过最高法院的司法干预,当地学校才终于对黑人学生开放。

小石城事件并不意味着消除学校内种族隔离的斗争的结束,但它显示了联邦政府不能容忍州一级官员对联邦法律的蔑视。这一做法也给肯尼迪总统提供了样板——后者在1962年命令联邦军队保护第一个进入密西西比大学的黑人学生詹姆斯·麦雷迪斯。②

五、思考题

(1)该案具有什么样的历史意义和现实意义?

(2)布朗诉托皮卡教育委员会案中的原告为何能够获胜?

(3)为什么说美国的黑人民权运动任重而道远?

---

① 参见[美]托马斯·帕克主编《开庭:改变人类进程的115件世纪大案》,刘璐、张华伟等译,海潮出版社,2000,第38页。

② Virginia Cyrus, *Experiencing Race, Class, and Gender in the United States*, p.272.

第二十四章　米兰达诉亚利桑那案："米兰达告诫规则"的确立

(美国，1966 年)

You have the right to remain silent. If you give up the right to remain silent, anything you say can and will be used against you in a court of law. You have the right to an attorney, and to have the attorney present during questioning. If you cannot afford an attorney, one will be appointed for you.

——*Miranda Warnings*[①]

（中译文）你有权保持沉默。如果你开口说话，那么你所说的每一句话都将作为呈堂证供。你有权请律师，并可要求在讯问的过程中有律师在场。如果你请不起律师，我们将免费为你提供一位律师。

——"米兰达告诫"

一、案件由来

1963年3月2日晚，亚利桑那州首府菲尼克斯的一名女营业员芭芭拉·约翰逊（Barbara Johnson，时年19岁）在下班时被一名男子劫持到城郊并被强奸。根据约翰逊报案时的描述，警察将恩纳斯托·米兰达（Ernesto Miranda，来自墨西哥）列为犯罪嫌疑人，并在3月13日在米兰达家里逮捕了他。在警察局，被害人指认正是米兰达实施了犯罪。随后，经过两个多小时的审讯，米兰达签署了一份书面陈述，承认自己有强奸行为。

在该陈述的顶部，有一段事先打印好的文字，表明这份陈述是被讯问人自愿做出的，没有受到威胁，并且被讯问人充分知道自己的法律权利，知道现在所做的任何陈述将会被用作对自己不利的证据。但是，整个审讯过程中，米兰达没有被告知有权保持沉默和有权聘请律师。[②]

---

① John W. Johnson (ed.), *Historic U. S. Court Cases, 1690—1990: An Encyclopedia* (New York & London: Garland Publishing, 1992), p.39.

② John W. Johnson (ed.), *Historic U. S. Court Cases, 1690—1990*, p41.

二、审判过程、结果

在州法院审理时,鉴于米兰达未聘请律师,主审法官根据1963年联邦最高法院吉迪恩诉温赖特案(Gideon v. Wainwright, 1963)的判例,指定了一位名叫阿尔文·莫尔(Alvin Moore)的公共辩护律师为米兰达辩护。这位莫尔律师当时已73岁高龄,而且缺乏刑事辩护的经验。但他在开庭时声称,根据宪法第六条修正案以及穷人律师权的判例,嫌犯被捕后,警方就应立即为其提供律师,但本案警方却违反规定,在没有律师在场的情况下审讯米兰达并使其招供,因此米兰达的供词属于被迫自证其罪,违反了宪法第五条修正案,因而是无效的。

但是,亚利桑那州法院以宪法规定的权利尚没有具体规范为由,认定警方获取的米兰达的供词属合法证据,判决米兰达绑架罪和强奸罪成立,分别处以20年和30年监禁,合并执行。

米兰达和莫尔律师不服州法院判决,在两位著名刑事律师帮助下,将此案逐级上诉到联邦最高法院。1966年,联邦最高法院对米兰达案和另外三个存在类似情况的案件[①]一并进行了审理。1966年6月13日,在首席大法官沃伦的主持下,最高法院以5比4的微弱多数裁决撤销了亚利桑那州法院的判决[②]。

三、案件点评

在20世纪60年代,美国最高法院通过一系列司法判例,严格限制执法官员的权力,绝非偶然。长期以来,由于缺乏制衡机制,美国各州和地方警察执法

[①] 即Vignera v. New York、Westover v. United States和California v. Stewart三个案件。
[②] 参见杨俊峰主编《法律英语案例探究》,清华大学出版社,2007,第35—36页。重新审理此案时,虽然控方不能再以米兰达的有罪供述作为证据,但是米兰达仍被判为有罪。1972年,米兰达获假释,靠出售印着"米兰达告诫"并有其亲笔签名的小卡片维持生活。1976年,米兰达在菲尼克斯一家酒吧里赌博时与别人发生争执,被当场刺死,当时他身上还带着两张印有"米兰达告诫"的小卡片。

犯法、滥用权力，已成为屡禁不止的恶习。为了及时破案，邀功请赏，警方经常对嫌犯威胁恐吓、打骂污辱、刑讯逼供，进行超长时间的疲劳审讯和精神折磨，不择手段地获取嫌犯口供。最高法院每年都接到很多刑讯逼供案和屈打成招案的上诉。对最高法院而言，施行"米兰达告诫"是迫不得已，只有严格限制警方的权力，程序性地保障处于弱势地位的犯罪嫌疑人的基本权利，才有可能杜绝警方屡禁不止的严重违法行为。

美国学者的研究表明，进入20世纪之后，美国警察一度被认为低效、缺乏训练并且粗暴和腐败。早在1931年，胡佛总统就任命了一个全国性的委员会"威克沙姆委员会"对于美国的执法状况进行调查，由此拉开了美国警察改革的大幕。厄尔·沃伦在1920—1938年间曾经出任过美国地方检察官，对于执法部门的改革持支持态度，并做出了一定的努力和贡献。时针转至20世纪60年代，美国的犯罪再度出现高涨，警察做出应对以遏制这一趋势。这就是米兰达案以及其他类似案件发生的时代背景，沃伦法院需要面对的是如何对待嫌疑人的口供以及嫌疑人在被限制自由的情况下做出的有罪供述是否合法的问题。当然，沃伦大法官并不认为联邦最高法院的相关判决是针对警察而为。但是，无论如何，"米兰达告诫"在米兰达案之后，深入人心。其中多少有些反讽意味的是，1976年，假释四年左右的米兰达在与人发生争斗时被刺死，警察后来抓到杀人嫌犯，向他宣读的正是"米兰达告诫"。①

另外，在民权运动风起云涌的20世纪60年代，最高法院对平等保护公民宪法权利的问题日益重视。公民宪法权利的平等保护，被规定在美国宪法第五条修正案中，沃伦法院主要依据的就是这一修正案的相关规定。②

---

① John W. Johnson (ed.), *Historic U. S. Court Cases, 1690—1990*, pp.41-43.
② 美国宪法第五条修正案：无论何人，除非根据大陪审团的报告或起诉书，不得受判处死刑或其他不名誉罪行之审判，惟发生在陆、海军中或发生在战时或出现公共危险时服现役的民兵中的案件，不在此限。任何人不得因同一犯罪行为而两次遭受生命或身体的危害；不得在任何刑事案件中被迫自证其罪；不经正当法律程序，不得被剥夺生命、自由或财产。不给予公平赔偿，私有财产不得充作公用。参见［美］杰罗姆·巴伦、托马斯·迪恩斯《美国宪法概论》，刘瑞祥等译，中国社会科学出版社，1995，第326页。

四、知识点、重难点

在美国的政治体制中，执法和司法过程涉及警察、检察官、律师、法官、证人和陪审团等，其中警察被认为是素质最差、最难监督、最倾向于执法犯法和胡作非为的集团。警方内部的黑暗和犯罪，通常比社会上普通犯罪分子的罪行严重得多，对社会秩序和司法公正造成的影响和破坏也大得多。因此，用"米兰达告诫"之类的规定来防止警方滥用权力，程序性地保障普通百姓的宪法权利，是加强国家法治的重要环节。

当然，实行"米兰达告诫"这种保护嫌疑人权利的法规，是有重大社会代价的。

据美国司法部门统计，"米兰达告诫"出台前，刑事重罪案破案率一般在60%左右；"米兰达告诫"出台后几十年来，破案率已跌落到40%左右。但值得注意的是，因警方刑讯逼供、屈打成招而造成的冤、假、错案的发生率，也大为下降。此外，随着好莱坞电影的风行，世界各国观众对美国警察每次抓获嫌犯之后，高声宣读的那一段必不可少的台词已耳熟能详，"米兰达告诫"实际上成为当代美国通俗文化的一个重要组成部分。

需要指出的是，沉默权制度是有制约的。美国的刑事诉讼法规定，如果嫌犯能够自愿招供，主动认罪（Plead Guilty），避免一场冗长耗时、劳民伤财的法院审判程序，经法官批准，检方可以做出一定的让步和交易，案犯有可能受到从轻处理。如果死扛不招，一旦因罪证确凿，被判有罪，将有可能加重惩罚。还应提到的是，提审和逼供嫌犯，对警方来说其实也是一个极为沉重的工作负担。

沉默权制度建立后，美国警方逐渐将工作重点和主要精力转移到刑事侦查和以高科技手段收集罪证之上，不但促进了执法工作的科学化和文明化，比较有效地遏制了刑讯逼供等违法乱纪现象，而且大大减轻了警方的工作负担。事到如今，美国警方已成为施行"米兰达告诫"的实际拥护者。

"米兰达告诫"规则确立后，美国警察经过一个适应期，最终还是默认了该规则，并习惯性地在衣袋里装上一张印有"米兰达告诫"的小卡片，以备适时之需。原因或许在于"米兰达告诫"规则得到了美国各级法院的坚决拥护：不仅警察违反该规则获得的口供不能在审判中用作证据，而且，警方根据该口供获得的其他物证也一律不得采用。①

五、思考题

（1）何谓"米兰达规则"？

（2）米兰达一案的意义有哪些？

（3）随着现代科技的发展（如DNA检测、监控摄像技术等），类似的案件是否还会成为疑案？

---

① 参见杨俊峰主编《法律英语案例探究》，第56页。

第二十五章　O.J. 辛普森案："世纪审判"

(美国，1994 年)

一、案件由来

1994年6月12日,曾在1984年洛杉矶奥运会上点燃圣火的美国超级橄榄球明星O. J. 辛普森(Orenthal James Simpson,时年47岁)的前妻尼科尔(Nicole Brown Simpson,白人,35岁)和其男友戈尔德曼(Ronald Goldman,白人,25岁)双双被杀害于尼科尔在洛杉矶的别墅。现场发现的一些物证使辛普森成为案件最大的也是唯一的嫌疑人,并被推上相继发生的刑事诉讼和民事诉讼的被告席。历时近三年且耗资巨大的刑事、民事诉讼一直为全美和世界各国所格外关注,而迥异的刑事、民事诉讼结果又使许多人深感诧异、震惊和不解。①

二、审判过程、结果

1995年10月3日,美国西部时间上午10点,当辛普森案裁决即将宣布之时,整个美国一时陷入停顿。

当时的美国总统克林顿推开了军机国务;国务卿贝克推迟了演讲;华尔街股市交易清淡;长途电话线路寂静无声;数千名警察全副武装,如临大敌,遍布洛杉矶市街头巷尾。CNN统计数字表明,大约有1.4亿美国人收看或收听了"世纪审判"的最后裁决。

1995年10月3日,陪审团(从304名候选人员中反复筛选后组成,大多数为非洲裔美国人和女性)②终于作出辛普森无罪的一致裁决。"辛普森无罪"的裁决一宣布,立刻在美国社会引起强烈反响,特别是黑人与白人对裁决的态度截然不同:众多的黑人欢呼雀跃,庆贺胜利;而许多的白人则深感愤懑、失望和

---

① 参见蔡彦敏《从O. J. 辛普森刑、民事案件评析美国诉讼制度》,《中外法学》1998年第3期。
② 辛普森案陪审团人数为12人。候选人900人,经筛选后,剩304人,最终从304人中选出12名陪审员和12名候补陪审员。参见[美]迈克尔·E.泰戈、安杰拉·J.戴维斯编《审判故事》,陈虎等译,中国人民大学出版社,2012,第240页。

不公。①

因为，一直关注该案的美国人分成了两个阵营，大部分是按种族划分的。大多数白人相信辛普森逃脱了谋杀罪的指控，而大多数黑人则因为辛普森击败了在他们看来并不公正的美国司法制度而感到高兴。事实上，辩方律师（有"梦之队"②之称）打的也正是"种族牌"：控方重要证人、白人侦探福尔曼因使用有侮辱性的"黑鬼"一词，而成为辩方攻击的一个突破口，对该案的陪审团不无影响。③

当法庭宣布无罪时，被监禁9个月的辛普森笑容满面地与他的律师们拥抱，而死者的亲属则失声痛哭。法庭外，支持辛普森的人大声欢呼，而多数的人则惊诧不已，以至克林顿亲自出面要大家尊重陪审团的判决。

该案引发了人们对陪审团制度（jury system）以及种族关系等诸多问题的讨论。④

三、案件点评

根据美国联邦和加州的证据法，刑事案件中的证据一般可分为直接证据和间接证据。

直接证据，是指能够以直接而非推理的方式来证明案情的证据。比如，某证人出庭作证，声称他亲眼看见凶手用利刃杀了被害人，这就是直接证据。

间接证据，是指不能够以直接方式，而必须以推理的方式来证明案情的证据。比如，在凶杀案现场发现了血迹或指纹，这就是间接证据，或者旁证。

辛普森案没有目击证人，检察官只能使用警方搜集的血迹、手套、裤子和

---

① 参见蔡彦敏《从O. J. 辛普森刑、民事案件评析美国诉讼制度》。
② 与控方一样，辩方也有一个自己的律师团，而且是一个人数更多、实力更强的团队，媒体称之为"梦之队"，以罗伯特·夏皮罗、约翰尼·科克伦等人为主。
③ 参见［美］托马斯·帕克主编《开庭：改变人类进程的115件世纪大案》，刘璐、张华伟等译，海潮出版社，2000，第489—493页。
④ 参见蔡彦敏《从O. J. 辛普森刑、民事案件评析美国诉讼制度》。另可参见［美］迈克尔·E.泰戈、安杰拉·J.戴维斯编《审判故事》，第274—275页。

血液化验结果等间接证据来指控辛普森。所以，这是一个非常典型的"旁证案件"。[①]

在美国的司法体制中，仅仅依赖间接证据就把被告定罪判刑绝非易事。这是因为，仅凭个别的间接证据，通常不能准确无误地推定被告人有罪。必须有一系列间接证据相互证明，构成严密的逻辑体系，排除被告人不可能涉嫌犯罪的一切可能，才能准确地证实案情。否则，间接证据不能作为定罪的确凿根据。

比如，就辛普森案而言，检方在法庭上提供的间接证据之一是在杀人现场发现的被告人的血迹。可是，由于温纳特警长身携辛普森的血样，在凶杀现场停留了3小时之久，使得这一证据的可信度较低。由于检方证据全都是间接证据，辩方律师对这些"旁证"进行严格鉴别和审核就成为这场官司中极为重要的一环。令人失望的是，检方呈庭的证据漏洞太多。这样一来，辩方就能够以较为充足的证据向陪审团证明：辛普森未必就是杀人凶手。[②]

颇具讽刺意味的是，辛普森案结束后，洛杉矶市地区检察官毫不留情，正式立案起诉控方重要证人、白人侦探福尔曼警官。结果，他因伪证罪被判了3年有期徒刑，狱外监管。[③]

四、知识点、重难点

对于该案，美国不同种族的反响截然不同，尤其是黑人观众与白人观众。对非裔美国人而言，他们一直遭受美国刑事司法体制的不公正对待。

美国学者认为，在现代史上，辛普森判决比任何事件都更能显示美国社会

[①] 参见杨俊峰主编《法律英语案例探究》，清华大学出版社，2007，第84页。美国在证据规则的法典化方面进行了较为长期、有效的努力。1909年，著名法学家威格摩尔出版了《证据法典》一书，可以被认为在美国现代证据法的重要开端。1975年7月1日，《联邦证据规则》的正式生效，标志着美国证据法的一大突破。这一《规则》在很大程度上参考了1965年《加利福尼亚证据法典》。有意思的是，等到《联邦证据规则》出台后，《加利福尼亚证据法典》反过来又受其影响。参见易延友《证据法学：原则 规则 案例》，法律出版社，2017，第63—65页。

[②] 参见杨俊峰主编《法律英语案例探究》，第85页。

[③] 参见杨俊峰主编《法律英语案例探究》，第84—86页。

存在着深刻的种族歧视。①在主流媒体上，这份判决受到法律专家、学者的广泛批评，陪审员更是被骂作懒人和蠢蛋（因为仅用4小时审议，陪审团就做出了无罪判决）。

尽管控辩双方都存在漏洞，但就证据而言，控方有更多的受人合理怀疑的地方，尤其是对于马克·福尔曼明确警示的忽略。此外，辩方律师更懂得说服的艺术，更精于辩论。

控辩双方关于庭审最重要的区别之一，就是在对待种族问题时，控方多在回避，而辩方则反其道而行之。②

同样值得关注的是辛普森案的民事诉讼及其结果。1994年7月27日、1995年6月12日，两名受害人戈尔德曼和尼科尔的亲属分别向法院提起非法致人死亡而要求损害赔偿的民事诉讼，辛普森成为民事诉讼的被告。1996年9月17日，该案在加州的圣塔莫尼卡民事法院正式开庭审理，法官藤崎（Hiroshi Fujisaki）作为独任法官审理此案。

在民事审判中，除了再现和重复刑事诉讼的证据外，还展示了一些新的有利于原告的证据。如原告方传唤了几名早在福尔曼警探之前就已到达案发现场的洛杉矶警员进行证实，所有的重要证据在福尔曼到达现场前就已被收集。所以，福尔曼不可能伪造现场和证据等。

1997年2月4日，民事陪审团终于做出裁决，一致认定辛普森对两名被害人之死负有责任，并裁决辛普森赔偿原告方850万美元，另外还裁定辛普森向两名被害人家属各支付1250万美金的惩罚性赔偿，共计3350万美金。③

辛普森的刑事、民事诉讼结果不同，原因在于美国的宪法、法律制度及其社会具体环境等多种因素，其中，美国的陪审制特色在本案中得以充分体现。作为一种所谓的"分权机制"，在英美的司法体制中，陪审团起到的是对于国家任命的法官的制约作用，尽管法官可以通过"指示"对陪审团施加影响。但

---

① 种族问题被认为深刻地影响到了辛普森案，包括陪审员的选任、抗辩双方的辩论、询问证人的方式和内容等。特别是决定案件事实的12名陪审员中，有9人是黑人。种族问题也是辩方律师充分利用的一个重要因素，控方重要证人马克·福尔曼警探的种族偏见成为辩方律师攻击的重点。参见［美］迈克尔·E.泰戈、安杰拉·J.戴维斯编《审判故事》，第226—227页。
② 参见［美］迈克尔·E.泰戈、安杰拉·J.戴维斯编《审判故事》，第274—275页。
③ 参见杨俊峰主编《法律英语案例探究》，第86页。

是，一旦陪审团退庭评议，法官的影响就难以继续。①

根据美国宪法第三条及其修正案第六条的规定，被告人有权要求经陪审团审判的权利。辛普森刑事、民事案件都设立了陪审团参与审理。但由于刑事诉讼和民事诉讼的具体情况不同以及受具体环境的影响，该案的刑事诉讼与民事诉讼在许多方面有显著区别：

（1）刑事诉讼与民事诉讼的证明责任要求不同。在刑事诉讼中，控方有责任"毫无合理疑点"地证明所控罪名的每一项要件，从而使陪审团无任何合理怀疑地相信辛普森杀害了尼科尔和戈尔德曼。即使是只有一名陪审团成员未被说服确信，被告人便将获得自由。而在民事诉讼中，辛普森对被害人之死负有责任的民事裁决则是建立在"优势证据"的证明责任之上，原告律师提供的证据只需说服陪审团成员确信辛普森对两名受害人之死负有责任的可能性大于其不负责任的可能性即可。

（2）刑事诉讼的被告人与民事诉讼的被告人所享有的权利不同。在刑事诉讼中，作为被告人的辛普森有权不自证其罪，并可保持沉默，不对案件本身作出任何解释和证明，而陪审团却不能因此做出不利于他的推断。但在民事诉讼中，辛普森要否定原告的主张，必须提供相应的证据证明，必须回答案发前后他的下落，也必须对一切不利于自己的证据作出解释。可以说，在刑事诉讼中，控辩双方的最大争议在于洛杉矶警方提供的证据的可信性；而在民事诉讼中，原被告双方律师的争执矛头则直指辛普森的可信度。

（3）刑事诉讼与民事诉讼对陪审团所做的裁决的要求不同。在刑事诉讼中，加州法律要求陪审团所做的任何裁决，无论是辛普森有罪还是无罪，均须是全体一致的；而在民事诉讼中，加州法律并不要求陪审团的裁决须全体一致，12名陪审团成员只需有9名成员认定辛普森对受害人之死负有责任即可。而本案12名陪审员一致认定辛普森负有责任。②

---

① 参见高鸿钧等主编《英美法原论》（下），北京大学出版社，2013，第1005—1006页。
② 参见杨俊峰主编《法律英语案例探究》，第86—87页。

五、思考题

（1）为什么辛普森刑事审判为无罪，而在民事审判中却被裁定要承担巨大的赔偿责任？

（2）试比较O.J.辛普森案与法国的德雷福斯案（1894）。

主要参阅书目

1.徐爱国．名案中的法律智慧．北京：北京大学出版社，2005．

2.任东来，陈伟，白雪峰，等．美国宪政历程：影响美国的25个司法大案．北京：中国法制出版社，2004．

3.萧瀚．法槌十七声：西方名案沉思录．北京：法律出版社，2007．

4.叶童．世界著名律师的生死之战．北京：中国法制出版社，1996．

5.郭义贵，方立新主编．外国法制史．北京：清华大学出版社，2010．

6.［日］藤仓皓一郎，木下毅，高桥一修，樋口范雄主编．英美判例百选．段匡，杨永庄，译．北京：北京大学出版社，2005．

7.［美］托马斯·帕克主编．开庭：改变人类进程的115件世纪大案．刘璐，张华伟，等，译．北京：海潮出版社，2000．

8.［美］伯纳德·施瓦茨．美国最高法院史．毕洪海，柯翀，石明磊，译．北京：中国政法大学出版社，2005．

9.［美］斯蒂芬·布雷耶．法官能为民主做什么．何帆，译．北京：法律出版社，2012．

10.杨俊峰主编．法律英语案例探究．北京：清华大学出版社，2007．

11.何勤华主编．英国法律发达史．北京：法律出版社，1999．

12.何勤华主编．德国法律发达史．北京：法律出版社，2000．

13.何勤华主编．法国法律发达史．北京：法律出版社，2001．

14.高鸿钧，等主编．英美法原论．北京：北京大学出版社，2013．

15. John W. Johnson. *Historic U.S. Court Cases, 1690—1990: An Encyclopedia.* New York & London：Garland Publishing, 1992.

16. Kermit L. Hall, William M. Wiecek, Paul Finkelman. *American Legal History: Cases and Materials.* Oxford：Oxford University Press, 1991.

致　谢

本书从选题到修改和定稿等,得到了广西师范大学出版社的范新、徐婷、黎金飞等编辑同志的大力支持和帮助。尤其是该社年轻的编辑曹磊、蔡楠,其认真、负责、严谨的精神,特别令人钦佩。

本书撰写过程中,华中科技大学法学院的研究生张名锋、张玲玲、王洁茹、仲赐福、王滨波、伦燕颜,华东政法大学的研究生郭云飞等同学在相关文献资料的搜集和整理等方面给予了一定的帮助,在此特致谢意。

本书由主编撰写、统稿与定稿,不当之处,敬请读者诸君批评指正。